DAYLIGHT

VERGESSEN WAR GESTERN, WIR SPRECHEN DARÜBER!

Liebe Videofreunde,

In den weiten und tiefen der damaligen Videotheken regale befanden sich etliche Filme die teilweise bis heute gänzlich unentdeckt und unbekannt sind. Zur damaligen zeit entschied man sich entweder per Cover-Motiv für einen Film oder man fragte den Videothekar, andere Besucher oder Freunde nach Film-Tipps.

Entweder man erwischte einen Hit oder Shit!

Wir haben uns zur Aufgabe gemacht, einige dieser Filme in dieser Heftreihe an die Öffentlichkeit zu bringen und stellen Sie euch vor. Doch wir befassen uns nicht ausschließlich mit ONLY VHS Filmen, viele besprochene und von uns vorgestellte Filme sind bereits auf DVD / Blu-ray erschienen. Da heutzutage kaum noch Wert auf ein ansprechendes Cover gelegt wird, kauft man oft die Katze im Sack.

Wir wünschen Euch viel Spaß beim Lesen, Stöbern und nehmen Euch mit auf eine Reise in die Vergangenheit.

Impressum:

Herausgeber: Stefan Böse

Autoren: Johnny Janzerino, Barbara Goetz, Stefan Fuhrmann und Kristijan Skrobo

▶ INHALT

Seite 4 Spiel gegen den Tod

Seite 6 Sie leben

Seite 10 Der Rosenkrieg

Seite 16 Hetzjagd im Sumpf

Seite 20 Sexorgien im Satansschloss

Seite 24 Hydrotoxin

Seite 28 Jäger der verschollenen Galaxis

Seite 32 Portrait Claudia Jennings

Seite 34 Airborne - Flügel aus Stahl

Seite 36 Nackte Fäuste - Die tödliche Karate-Lady

Seite 38 Madhouse

Seite 42 Traxx

Seite 44 Demon Warp

Seite 48 Die Nacht hat viele Augen

Seite 54 Night Shift - Das Leichenhaus flippt völlig aus

Seite 58 Daylight

Seite 62 Scott & Huutch

Seite 64 Good Morning Vietnam

Seite 66 Blue Velvet

Seite 68 An einem Tag wie jeder andere

Seite 72 Bloody Stones

Seite 76 Cinderella 2000

Seite 80 Dillinger - Staatsfeind Nr. 1

BESUCHT UNS DOCH AUF FACEBOOK UNTER:
WWW.FACEBOOK.COM/RETROFILMBLOG

SPIEL GEGEN DEN TOD (1991)

Eine handvoll scheinbar willkürlich zusammengewürfelter Menschen wird auf eine abgelegene Insel geladen um dort Geldspenden für gemeinnützige Einrichtungen in Empfang zu nehmen. Doch schon bald stellt sich heraus, dass ihr Gastgeber ein falsches Spiel spielt und schneller, als es ihnen lieb sein kann, ist die Gruppe Bestandteil einer mörderischen Hetzjagd...

Es gibt zahlreiche Filme die der Thematik "Hetzfilm" zugesprochen werden. Man denke da nur an "Surviving the Game" von 1994, ein Klassiker im Genre und mittlerweile auf DVD sehr rar geworden. Doch hier geht es um SPIEL GEGEN DEN TOD im Original: Death Game, der Film ist aus dem Jahr 1991 und braucht sich hinter anderen Kandidaten keineswegs zu verstecken.

Thomas J. Wright inszenierte 1991 diesen eigens für das amerikanische TV produzierten Beitrag. Wright war mehr im TV-Geschäft tätig, vorwiegend für zahlreiche TV-Serien, nur wenige

Filme in Spielfilm-Länge sind in seiner Filmlaufbahn vorzufinden. Zu seinem bekanntesten Werk zählt zweifellos "Der Hammer" mit Wrestling-Legende Hulk Hogan. Dazu gesellen sich noch Titel wie "Chrome Soldiers" (1992) und "Aufnahme: Mord" (1990).

Auch wenn SPIEL GEGEN DEN TOD nur ein begrenztes Budget zur Verwirklichung hatte, so ist dem Regisseur, den Darstellern durchaus ein sehr ansprechendes und unterhaltsames Werk gelungen. Zwar mit einer recht einfachen Geschichte, aber die Darstellung und die Nutzung von längeren Flashbacks-Passagen über die einzelnen Mitspieler beim SPIEL GEGEN DEN TOD sehr abwechslungsreich und vor allem aufschlussreich.

Schnell wird der Zuschauer, wie die Mitspieler in das Game förmlich hineingedrückt. Nur wenige Informationen sind den einzelnen Menschen bekannt, dem Zuschauer geht es genauso. Die Gruppe kann fliehen wenn sie am anderen Ende der Insel ein Boot lebend erreichen, auf ihrem Weg sind Säcke mit Geld versteckt, wenn sie die finden und das Boot erreichen, bleiben sie am Leben und haben Ihr Geld für ihre Projekte. Denn unter dem Vorwand das ihnen geldliche Hilfe gegeben wird, wurden sie auf die Insel gelockt. Erst im weiteren Verlauf, nach und nach erfährt der Zuschauer mithilfe von Flashbacks, welche Gemeinsamkeiten alle Menschen aus der Gruppe verbindet. Im mittleren Verlauf hat der Zuschauer eine Ahnung wer sich hinter dem perfiden Spiel um Geld und vor allem das

Leben verbirgt. Doch ist dann das Spiel wirklich schon enttarnt?

SPIEL GEGEN DEN TOD kann mit einem guten Tempo punkten. Mit zahlreichen kleinen Auseinandersetzungen der Gruppe gegen ihre Widersacher wird dem Zuschauer allerlei geboten. Sei es eine Köpfung, Ermordung durch Pfeile und natürlich auch Kugeln aus den verschiedensten Waffen. Die Gewaltdarstellung ist nicht übelst hart, aber durchaus interessant in Szene gesetzt worden. Bei manchen Szenen der etwas härteren Gangart wundert man sich, was man zu Gesicht bekommt, sowas kennt man nicht oft bei einer TV Produktion. Meist sind solche Szenen bei einer VHS der damaligen Schere zum Opfer gefallen, doch das Tape von SPIEL GEGEN DEN TOD scheint komplett ungeschnitten zu sein. Keinerlei Schnitte sind zu erkennen und spürbar.

Schnell wird einem klar, wer aus der Gruppe aus dem Leben tritt, doch die Reihenfolge und wie sie ums Leben kommen bleibt oft eine kleine Überraschung. Interessant ist der Aspekt welche Verbindung alle miteinander haben. Alle sollen dem Gastgeber in ihrem Leben schon mal begegnet worden sein. Mithilfe von Andenken, nachgestellten Szenen aus ihrer Vergangenheit kommen sie ihm langsam auf die Schliche. Der eine ist ihm in Vietnam begegnet, der andere aus der College Zeit, ein Treffen bei einem Maskenball, ein ehemaliger Yakuza Boss oder ein Besuch beim Arzt aufgrund eines Unfalles. Mysteriös und Spannend zugleich. Zudem kann SPIEL GEGEN DEN TOD noch mit einem unerwarteten Twist punkten.

SIE LEBEN (1988)

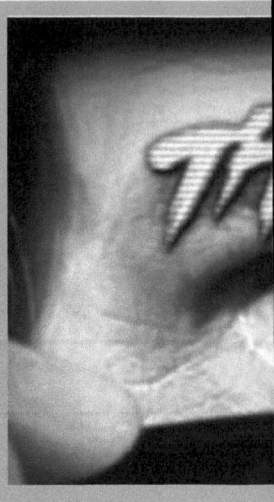

Zwischen Mülltonnen entdeckt der desillusionierte Arbeiter John einen Karton mit Sonnenbrillen, durch die er Werbetafeln als manipulative Propaganda zum hemmungslosen Konsum und einige Mitbürger als skelettähnliche Aliens erkennen kann. Gemeinsam mit einer Gruppe Widerständler, die ebenfalls hinter diese außerirdische Invasion gekommen sind, nimmt John den bewaffneten Kampf auf und wird daraufhin als Terrorist gesucht. Nach wilden Verfolgungsjagden und heftigen Feuergefechten gelingt es ihm, in die Kommandozentrale der Außerirdischen einzudringen und die Maschine zu zerstören, die ihnen ihr menschliches Aussehen verleiht.

Was kann man zu Sie Leben sagen, was noch nicht gesagt oder geschrieben wurde. Wahrscheinlich nichts, wahrscheinlich ist das gar nicht möglich. Sie Leben! Ist ein Kultfilm, mehr noch das ist für mich ein Meisterwerk, in seiner Ambitioniertheit und gleichzeitig Einfachheit schon ziemlich einzigartig. Er hat so viele verschiedene Deutungsebenen und funktioniert gleichzeitig auch als simpler B-Sci-Fi-Actioner. Ein Film, der zu seiner Zeit hier und da auch nicht genug gewürdigt wurde, aber mit der Zeit seinen ikonischen Status immer weiter ausbaut. Ein Film, der mit einfachsten und billigsten Tricks geschafft hat, eine Message zu überbringen die immer noch gültig ist, vielleicht sogar noch wichtiger und aktueller als je zuvor. Ein Film seiner Zeit, das sieht man ihm mehr als an, aber trotzdem zeitlos und universell gültig. Ein Bastard von einem Film, den es eigentlich nicht geben dürfte und der auch niemals hätte so gut sein dürfen.

Eine Anomalie die es auch nur alle paar Jahre gibt. Natürlich ist die Story absurd und over the top, aber dieser ganze Sci-Fi Ansatz dient nur als Rahmen für die Message die Carpenter rüberbringen will, wenn man sich darauf einlässt. Der Film nimmt sich auch nicht wirklich ernst und hat genug Humor und Augenzwinkern um mit dem ganzen Ansatz zu spielen. Selbst ohne tiefere Deutung, macht der Film einfach Spaß. Piper ist die perfekte Besetzung für Nada (schöne Symbolik: spanisch für nichts), sicherlich, vor allem für die damalige Zeit (damals war es nicht en vogue Wrestler für ernste Rollen zu besetzen, alles noch weit vor The Rock), aber eine außergewöhnliche Entscheidung.

Carpenter war ein großer Wrestlingfan zu dieser Zeit und konnte Piper bei den Produzenten durchdrücken (was zugegeben bei dem geringen Budget leichter gewesen sein muss). Piper lebte in seiner Jugend auf der Straße, hat ein hartes Leben und war eine charismatische Figur, aber sicherlich nicht der klassische gut, aussehende Actionheld.

Eher eine Art eigensinniger Antiheld und das passte perfekt zur Rolle des Nada. Carpenters Helden waren eh nie glattgebügelte austauschbare Helden, nein es waren immer schon eher Außenseiter mit Ecken und Kanten. Der berühmte Satz: „I have come here to chew bubble gum and kick ass, and I'm all out of bubble gum" war, übrigens die Idee von Piper, der ja auch als Wrestler für seine Promos berühmt war. Charismatisches Naturtalent halt.

Für die Verbindung von Wrestlern und Filmen war der Film wichtig. Waren Wrestler vorher häufig nur als Schläger in Nebenrollen zu sehen oder aufgrund des Aussehens als Attraktion so war das hier ein ernstzunehmender Film, von einem bekannten Regisseur. Die Helden des Films sind keine Polizisten, Spezialeinheiten, sondern Tagelöhner, Bauarbeiter ohne festen Wohnsitz die in einer Obdachlosensiedlung übernachten. Sie stellen sich gegen die außerirdische Bedrohung, die die Menschheit zu Konsumverrückten und willenlosen Schafen machen. Die Menschen die bewusst mit ihnen zusammenarbeiten sind Menschen, die am süßen Leben teilhaben wollen. Konnte die Botschaft von Carpenter noch deutlicher sein? Dieser Klassenkampf zieht sich durch den ganzen Film

Vergessen war gestern, wir sprechen darüber!

und hat ja auch heute weiterhin Relevanz. Allein die Einführungssequenz von Nada, hier wird ein Bild von Los Angeles gezeigt was es zu der damaligen Zeit nicht zu sehen gab. Nicht die Sonne und die schönen Menschen wie z.B. bei Beverly Hills Cop, nein hier ist es dreckig, hier gibt es überall Obdachlose. Es ist deutlich und anklagend, was Carpenter hier zeigt. John Carpenter ist ein äußerst politischer Mensch, zur Entstehungszeit des Films war Ronald Reagan an der Macht und Carpenter hat selbst zugegeben, dass der Film mehr oder minder seine Antwort darauf war, auf den zügellosen Kapitalismus dieser Zeit. Mindestens bei der Klapperschlange, aber auch bei vielen seiner anderen Werke kann man den politischen Einfluss auf seine Filme erkennen. Einen gewissen Mangel an Vertrauen gegenüber von Autoritäten kann man sicherlich erkennen. Was hatte der Mann für einen grandiosen Output Ende der 70er, bis Ende der 80er. Ein Klassiker nach dem anderen: Assault, Halloween, The Fog, Die Klapperschlange, The Thing, Big Trouble, Sie Leben.

Auch hier steuert er natürlich die Filmmusik hinzu und diese ist eingängig wie immer. Er war auch da einfach ein Meister seines Fachs.

Keith David als Buddy von Piper und auch ungewollter Held hatte zwar schon in Carpenters The Thing mitgespielt, aber zwischen diesen beiden Filmen kaum Rollenangebote. Inzwischen sicherlich einer der bekanntesten Nebendarsteller und die Rolle in Sie Leben wurde von Carpenter explizit für ihn geschrieben. Auch hier bricht Carpenter wieder mit Klischees. Piper und er sind sich ziemlich ebenwürdig und es gibt auch keine stereotypischen Rassenklischees wie bei vielen anderen Filmen aus dieser Zeit. David und Piper betreiben auch eine der berühmtesten Szenen des Films, vielleicht die inzwischen berühmteste Schlägerei der Filmgeschichte. Ihr Alley Fight ist in gewisser Weise antizyklisch, dreckig und roh, wirkt im Vergleich zu den Hochglanzkloppereien dieser Zeit schön realistisch. Sie ist herrlich lang (über 5 Minuten!) und auch wenn hier der ein oder andere Wrestlingmove drinsteckt, dann ist das nicht flashy sondern wirkt einfach wie eine dreckige Straßenschlägerei. Herrlich!

Abgerundet wird der Cast von Meg Foster. Auch sie passt mit ihrer Intensität und ihren Augen extrem gut zum Film. Carpenter schafft es immer wieder die Erwartungen des Zusehers zu unterwandern und auch beim Casting zu überraschen. Meg Foster ist da kein Unterschied. Die Aliens sehen schön billig und eklig aus und das ist genau das was Carpenter erreichen wollte, sie sollten einfach hässlich aussehen mit quasi verfaultem Fleisch im Gesicht, diese hässlichen Augen, schön degeneriert, quasi von Macht und Konsum zerfressen. Das sind einfache Effekte, die aber wie gesagt, wunderbar funktionieren.

Wie auch die Matte Paintings. Welche Matte Paintings fragt ihr? Immer wenn Nada die Sonnenbrille aufzieht und die Billboards sieht, dann sind das Matte Paintings. Herrlich einfach und so wirksam. Einfache, aber starke Botschaften mit einfachsten Mitteln überbracht. Ich sage nur: OBEY. Auch diese Liebe zu den Details, die Werbungen, der Zeitungsladen oder der Lebensmittelladen, alles mit viel Liebe, aber einfach ausgestattet. Auch das Ende des Films ist grandios. Ein Happy End, aber kein Happy End im klassischen Sinne. Aber es passt zu diesem Film, der einfach super unterhaltsam ist, gleichzeitig tiefgründiger und provokativer als auf dem ersten Blick vielleicht ersichtlich und auch als B-Film herrlich funktioniert. Ein Meilenstein. Auch heute noch haben die gesellschaftskritischen Aussagen des Films Bestand. Auch wenn der Film aussieht wie aus den 80ern, ist er doch zeitlos gültig und seiner Zeit voraus. Das ist die Klasse eines Carpenters. Der Film ist in der Regel auch für schlanke 8-10 Euro auf Blu-Ray zu erhalten.

DER ROSENKRIEG

Bis dass der Tod uns scheidet

VON BARBARA GOETZ

Gegen Ende der 80er sind Michael Douglas und Kathleen Turner bereits bekannt als Hollywoods Traum Duo auf der Leinwand. So kennt man sie beispielsweise aus der Abenteuer-Komödien-Reihe „Auf der Jagd nach dem Juwel am Nil" (1985) und „Auf der Jagd nach dem grünen Diamanten" (1984), wo sie sich kennen und lieben lernen.

Ob nun gewollt oder nicht. Man hat das Gefühl, dass der Rosenkrieg inhaltlich an diesen sehr populären und erfolgreichen Abenteuer-Filmen etwas anknüpft. Auch wenn inhaltlich nicht möglich und ausgeschlossen, hat man als Zuschauer das Gefühl, man kennt die beiden wie füreinander geschaffenen Zankäpfel bereits gut. Sie streiten sich, sie vertragen sich.

Nur, so verhält es sich in dieser Lie-beskomödie/Beziehungsdrama „Der Rosenkrieg" nun etwas anders.

Geschichtlich gesehen sei noch erwähnt, dass der Titel „Rosenkrieg" an den Nordengland-Konflikt erinnert, was knapp herunter gebrochen auf eine Fehde zwischen Lancaster und York zurück zu führen ist. Das Familienwappen beider Kriegsgegner war eine jeweils rote und weiße Rose.

Außerdem ist der Titel insofern doppeldeutig, als dass es um einen Kleinkrieg der Familie Rose geht. So lautet der amerikanische Originaltitel „The War of the Roses". Die Storyline wird komplett erzählt sozusagen als Rückblende vom Anwalt und Oliver Roses besten, treuen Freund und Arbeitskollegen Gavin D´Amato (Danny DeVito), der sich an die Roses und

deren Liebesgeschichte, die sich bis zur Tragödie hochsteigert, detailreich erinnert.

Diese schwarze Komödie handelt von einem Ehepaar, die sich zerstritten haben, sich scheiden wollen und doch aneinander festhalten, bzw. keiner der beiden die gemeinsam aufgebaute Villa verlassen möchten. Die gemeinsam erarbeitete Prunkvilla, will keiner von beiden aufgeben. Der andere soll gehen. Der Satz von Gavin ist prägnant und auch die Quintessenz des scheinbar unlösbaren Konflikts, der sich Stück für Stück zu einem Krieg entwickelt:

„Wie bewegt man jemanden dazu zu bleiben, wenn er gehen möchte.

Und noch wichtiger, wie wird man jemanden los, der nicht gehen will."

Ich gehe im Folgendem darauf ein inwiefern sich die 9 Stufen der Eskalation eines Konflikts nach Glasl auf den Film „Der Rosenkrieg" übertragen lässt. Die Parallelen sind bemerkenswert und sehr auffällig. Aus Differenzen können Konflikte entstehen und was passiert, wird ein Konflikt nicht gelöst?

1 Verhärtung

Die erste Stufe ist die Verhärtung, diese ist von Kommunikationsstörungen geprägt, die zu einer Art Verkrampfung führen kann. Hier werden die Weichen für festgefahrene Ansichten gelegt. Den beiden Parteien fällt es immer schwerer sich zu öffnen und Dinge offen auszusprechen. Es findet ein Wechsel zwischen gegenseitigem Verständnis und Konkurrenzdenken statt. Beide wollen den Konflikt lösen doch geraten immer wieder aneinander. Das Wissen um dieses Dilemma führt dazu, dass neue Anspannungen entstehen. Diese geschilderte Stufe kennen meiner Meinung nach wohl die meisten in bestehenden Kontakten oder Beziehungen zu anderen Menschen. Die Interaktionspartner sind noch der Ansicht, dass das Verhältnis generell als harmonisch wahrgenommen wird. Man befindet sich hier an einem Scheideweg.

Eskaliert der Konflikt weiter oder kommt es zu einem versöhnlichen Ende? Dies ist wohl die Kernfrage an dieser Stelle. Doch betrachten wir, wie es weiter eskalieren könnte.

2 Debatte und Polemik

Die zweite Stufe heißt Debatte und

Polemik. Hierbei sind die und hinter die Fassade des Gegenübers blicken zu können, die moralisch verwerflichen Eigenschaften zu besitzen scheint.

Aussteiger aus dem Konflikt werden ebenfalls angegriffen. Dies kann dazu führen, dass sie zur anderen Partei überlaufen, was wiederum mehr Ärger entfacht. So bietet Rose dem Erzähler Gavin an ihr zu helfen und als Gegenleistung alles zu tun, was er will...

Das Verhältnis zwischen Oliver und Rose wird ab diesem Punkt nicht mehr wie früher funktionieren können. Wird diese Stufe durchlaufen, wird es sehr schwer werden den Konflikt wieder in geordnete Bahnen zu bringen. Weitere manipulative Handlungen tragen zu einer Entwicklung einer Katastrophe bei.

Denke man an die Szene wo Oliver und Barbara am Tisch sitzen und Oliver sagt: „Wer so eine gute Pate zubereiten kann, kann im Grunde nicht schlecht sein. Barbaras Antwort, es kommt darauf an, aus was die Pate gemacht ist... Wuff. Kurz darauf überfährt Barbara mit dem Jeep seinen ersten heißgeliebten Oldtimer-Wagen, in dem er währenddessen sogar sitzt.

Auch Außenstehende bleiben nun nicht mehr neutral, da der Konflikt kaum mehr im Geheimen abläuft. Der dadurch entstehende Druck verursacht ein weiteres Zuspitzen der Situation.

6 Drohstrategien

Bei der sechsten Stufe kommt es laut Grasl zu Drohstrategien. Hierbei wird unter Umständen die Öffentlichkeit mit einbezogen, beispielsweise die Presse oder andere neutrale Personen. Er legt hierzu das Drohungsdreieck vor. Dieses ist gekennzeichnet durch eine Forderung, der Sanktion und dem Sanktionspotential. Das Einbeziehen von weiteren Außenstehenden soll bewirken, dass Handlungszwang entsteht. Besonders wichtig aus meiner Sicht ist hier das Sanktionspotential.

Hier geht es sozusagen um die Beweisführung. Gab es Zeugen oder schriftliche Dokumente? Vielleicht eine SMS? Es geht darum der Gegenpartei vor Augen zu führen, dass man gegen sie etwas in der Hand hat. Das Bestreben den anderen zum Aufgeben zu bewegen ist offensichtlich.

Ansonsten wird eine Sanktion drohen. Die Drohung wird erst dann als eine tatsächliche Gefährdung gewertet. Aber auch die Sanktion ist von Bedeutung. Sind die Folgen so eklatant, dass die Gegenseite überhaupt motiviert ist so zu handeln, wie die Anderen das

des Feindes wird als eigener Gewinn wahrgenommen und ist Genugtuung. Als sich die Roses verbarrikadieren und Oliver versehentlich ein Möbelstück nach der Haushälterin wirft um dann zu antworten, er dachte sie sei Barbara.

Tücken, Fallen und Unwahrheiten sind das Mittel der Wahl. So täuscht Barba-

wollen? Und können die Forderungen wirklich umgesetzt werden? Dies sind Fragestellungen, die die Weiterentwicklung des Konflikts beeinflussen.

7 Begrenzte Vernichtungsschläge
In dieser Phase beginnen sozusagen die ernsthaften Kriegshandlungen. Die Drohungen werden in die Tat umgesetzt. Die Achtung gegenüber dem Anderen ist nicht mehr vorhanden und dessen Menschlichkeit wird negiert. Der zunehmende Stress führt zu Überreaktionen.

Für Außenstehende/Koalitionen besteht nun eine konkrete Gefährdung selbst Schaden zu erleiden. Schaden

ra vor, sich mit Oliver wieder zu versöhnen, nur um ihn dann noch mehr zu verletzen.

An dieser Stelle kommen die diabolischsten Seiten des Menschen zum Vorschein. Es geht nicht mehr um eine Lösung des Konflikts, der Andere soll leiden und vernichtet werden.

Lustgewinn entsteht durch des Anderen Leiden.

Raserei, Jähzorn und abgrundtiefer Hass entstehen bald.

Schadenfreude ist das schon lange nicht mehr.

Vergessen war gestern, wir sprechen darüber!

8 Zersplitterung

In der achten Stufe liegt die Zersplitterung des Feindes im Hauptaugenmerk der Kontrahenten. Dem Gegner drohen ernsthafte irreparable physische, psychische oder materielle Schäden. Als sich beide gegenseitig mit den auf gemeinsamen Urlauben zusammen gesammelten weißen Porzellanfiguren bewerfen und sich Fallen stellen um sich direkt heftig zu verletzen. Die Brutalität und Grausamkeit der einst glücklich Verheirateten ist hierbei erschreckend. Raserei und Wahn kommt dem nahe. Das Denken ist bereits eingeschränkt und dies gipfelt schließlich in der letzten Stufe.

9 Gemeinsam in den Abgrund

Glasl nennt die letzte Stufe Gemeinsam in den Abgrund. Die letzte Schranke, die eigene Unversehrtheit wird hier überwunden. Der eigene Körper wird geopfert um den anderen zu vernichten. Selbst dies kann als triumphal erlebt werden, sofern nur der Andere mit in den Abgrund gerissen wird. Einer Sache kann man sich nun sicher sein. Der Konflikt ist wohl endgültig beendet.

Beispielsweise kann ein erweitertet Suizid auch bei dieser Stufe eingeordnet werden.

Ein Paradebeispiel für diese Eskalationsstufen nach Glasl ist sehr gut im Rosenkrieg umgesetzt. Die einzelnen Aspekte der Stufen können direkt in Verbindung mit den einzelnen Handlungen der Schauspieler in Zusammenhang gebracht werden. Die Eskalationsstufen nach Glasl sind gut nachvollziehbar und realitätsnah.

Fazit/Kritik

Der 110 Minüter hat eine für damalige Verhältnisse lange Spieldauer, aber er ist trotzdem erstaunlich kurzweilig. Danny DeVito als Regisseur schafft es exzellent einen permanent

Spannungsbogen um auch wieder einen lässigen Erzählstil aufrecht zu erhalten. Der Film trägt eine Leichtigkeit mit sich und bleibt trotzdem realistisch, ausgewogen und unterhaltsam. Ernste Eskalationen wechseln sich ab mit lustigen, fast liebevollen Szenen um dann im nächsten Moment zynisch, bösartig ernst und konfliktreich zu werden.

Eine Nabelschau bisweilen mit intimen Momenten, bei denen man beide Sichtweisen gut nachvollziehen kann. Sei es die frustrierte, gelangweilte Barbara oder der beruflich erfolgreiche Oliver, der kaum mehr Zeit hat für sie und sich nach Feierabend nicht wirklich interessiert für neue perfektionistischen Dekorationen in der eigenen Villa. Oder denke man an die Szene, als Barbara ihre Stammkunden selbstgemachter Speisen zum Dinner einlädt und Oliver darüber uriniert. Sie ihn in diesem Moment mit einer Pfanne schlägt und er vom Podest fällt.

Ein echtes Juwel im Retro-Kosmos, wenn man mal nicht weiß, welchen Film man gucken will.

Der Rosenkrieg bietet sowohl vom bitterbösen Humor, Spannung und Ehealltag vielerlei und das, obwohl er eine komplette Beziehung fast schon psychologisch analysiert über 17 Jahre einer Ehe hinweg. Vom Kennenlernen der beiden Protagonisten, Heirat, Kindererziehung, Olivers Karriere und den ersten Momenten der Feindseligkeit, Beziehungskrieg bis hin zum Showdown in der legendären und symbolischen Szene im Kronleuchter.

Eine schwarze Komödie, die seines gleichen sucht
Für Retroisten ein Muss

Vergessen war gestern, wir sprechen darüber!

VON STEFAN BÖSE

In den 70er Jahren wurden zahlreiche sogenannte DRIVE-IN Hits für die amerikanischen Autokinos produziert. Was oft hierzulande die Bahnhofskinos waren, so waren es die Auto-Kinos in den USA. HETZJAGD IM SUMPF aus dem Jahr 1974 zählt zu den Hits dieser Ära. Im Original lautet der Titel GATOR BAIT.

Das Ehepaar Beverly und Fred Sebastian drehten einige solcher Werke und versorgten somit die Zuschauer mit vielen solcher Hits. HETZJAGD IM SUMPF ist nur einer der Filmographie der beiden. Zu Ihren weiteren Erfolgen die auch hierzulande eine Fan-Gemeinde besitzen zählen Filme wie THE HITCHHIKERS (1972), THE SINGLE GIRLS (1974), DIE BUGGY BUMSER (1976) und die Fortsetzung ABRECHNUNG IM DSCHUNGEL (1988) Originaltitel: GATOR BAIT II. 1993 zog sich das Ehepaar aus dem Filmgeschäft zurück, sie widmen sich seit 2012 ihrer selbst gergründeten GREYHOUND FOUNDATION, bei der sie sich um Hunde aus dem Rennsport kümmern, ihnen medizinische Hilfe gibt und sie mit Gefangenen ausbildet.

HETZJAGD IM SUMPF kann man gut in die Genre-Schublade Rape'n Revenge einordnen. Eine junge Frau nimmt Rache an einer Gruppe Männer die ihrer Familie Leid und Tod beschert hat. Sie dreht den Spieß um und lässt die Jäger zu Gejagten werden. So könnte man in wenigen Sätzen den Film gut beschreiben.

Der Streifen bietet zahlreiche Dinge für´s Auge des Zuschauers. Damit ist nicht nur die Hauptdarstellerin Claudia Jennings gemeint. Zu ihr später mehr. Allen voran hat mich das Sumpfgebiet in den Mangrovenwälder Louisianas fasziniert. Das trübe Wasser, die dichte Bewalderung, zahlreiche Tiere, die in solch einer Umgebung leben und das Spiel mit dem Sonnenlicht. Hindurch die Bäume, den meterhohen Halmen der Bewachsung und vieles mehr. In solch einer Umgebung kann man sich kaum vorstellen, dass hier Menschen leben. Sie leben zwar recht primitiv und einfach aber es gibt sie. Somit passte das Setting wunderbar dazu, die bösen Buben des Films als sogenannte Rednecks zu bezeichnen und zu inszenieren.

Der zweite Augenschmaus ist sicherlich die junge Claudia Jennings. Bevor sie zum Filmgeschäft kam, war sie als Modell tätig. Doch auch hier kam sie nur durch den Zufall dazu. Sie arbeitete als Telefonistin beim Playboy und wurde kurzerhand von einem Fotografen entdeckt, abgelichtet und ins Modellgeschäft katapultiert. Sie spielte in ihrer Laufbahn in ein paar solcher Werke wie HETZJAGD IM SUMPF mit. Freizügig, offen und nicht schamvoll bedacht hier auch mal mehr als nur Brüste zu zeigen. Leider

endete ihre beginnende Karriere abrupt durch einen Verkehrsunfall, dem sie erlag. Erst viele Jahre nach ihrem Tod wurden ihre Filme zu Geheimtipps in den Videotheken und viele wurden erst dann auf die attraktive Frau aufmerksam. Mehr zu ihr könnt Ihr im Portrait über sie nachlesen.

Die Story des Films liest sich sehr aufregend und spannend. Doch leider traute sich das Regisseur-Ehepaar wohl nicht mehr zu als

das gezeigte. Die Thematik der Menschenjagd mit Rache-Motiven wäre durchaus noch ausdrucksstärker zu inszenieren gewesen. Sehr verhalten und mit oft zähen Szenen hangelt sich der Film durch seine 88 Minuten. Auch gewalttechnisch wird sich hier sehr zurück gehalten. Lediglich eine Szene mit einer Schrotflinte löst beim Zuschauer ein unbehagliches Gefühl aus. Man hätte hier durchaus einen derben Rache-Thriller mit Selbstjustiz machen können, doch dafür ist der Plot nicht konsequent genug und die Gewalt zu harmlos. Vergewaltigungs-Szenen werden nur angedeutet, Geschehen im Off. Sonst hätte durchaus ein weiterer Vertreter wie ICH SPUCK AUF DEIN GRAB (1978) draus werden können.

Trotz der Schwächen ist HETZJAGD IM SUMPF ein unterhaltsamer Vertreter des Genres. Hierzulande lediglich auf VHS vom Label CIC mit einer Freigabe von FSK 18 erschienen. Kleine Entschädigung ist aber, dass sie vollkommen ungeschnitten ist. Lediglich in den USA ist der Film auf DVD im Director´s Cut erschienen. In Deutschland befand sich der Streifen von 1986 bis 2011 auf dem Index.

SEXORGIEN IM SATANSSCHLOSS (1982)

VON STEFAN FUHRMANN

Nachdem Miriam eines mysteriösen Todes stirbt, gehen in dem alten Schloss hoch oben in den Bergen seltsame Dinge vor sich. Schwester Solo, der Hausherr, seine Tochter, ihr behinderter Bruder und ein Diener werden in einen Strudel voller sexueller Ausschweifungen und dem satanischen Übersinnlichen gezogen.

Die Hochphase des italienischen Genrefilms waren zweifellos die 1960er bis weit in die 1980er-Jahre. In dieser Zeit befanden sich unsere Nachbarn auf ihrem filmischen Höhepunkt und kein Thema war ihnen fremd oder gar heilig. Feste Konventionen und starre Grenzen waren weitestgehend unbekannt und für die kreativen Köpfe gab es kein Halten. Es wurde alles kopiert, was Erfolg und Einnahmen an den Kinokassen versprach und das mit minimalen Budgets. Selbst das Vermischen von sehr unterschiedlichen Genres erhoben sie zur Meisterschaft. Einer dieser Genre-Hybriden ist der vorliegende DR. PORNO UND SEIN SATANSZOMBIE (LA BIMBA DI SATANA, 1982).

Im deutschen Titel werden bereits beide Genres genannt, um die es sich hier dreht: Porno- und Horrorfilm. Gerade diese beiden Genres waren in jenen Jahren bei den Filmemachern wie auch deren Publikum sehr beliebt und generierten großzügige Einnahmen. Heute dürften diese Filme den meisten unter dem Oberbegriff Exploitation bekannt sein. Wer dagegen lieber eine entschärfte Version bevorzugt, sollte daher zu SEXORGIEN IM SATANSSCHLOSS (74 Minuten, die Hardcore Fassung kommt auf 85 Minuten) greifen: Derselbe Film ohne die

Pornoaufnahmen, aber wer will das schon? Teilweise taucht DR. PORNO auch unter dem UK-Titel SATANS BABY DOLL bei uns auf.

Beide Fassungen liegen als deutsche DVD vor, die aber nicht mehr im regulären Handel erhältlich sind. Auf einigen Börsen tauchen immer wieder mal ei-

nige Kopien dieses kuriosen Stücks Filmgeschichte auf, natürlich für eine Stange Geld. Alleine schon der deutsche Verleihtitel DR. PORNO UND SEIN SATANSZOMBIE lässt aufhorchen. Dieser verrückte Titel lädt schon zum hemmungslosen Ansehen ein, die

Die hübsche Hauptdarstellerin Jaqueline Dupré hat in ihrer Filmografie lediglich LA BIMBA DI SATANA vermerkt, was sehr schade ist. Wesentlich mehr zu bieten, auch an körperlichen Reizen, hat da schon die bezaubernde Mariangela Giordano, genau jene Mariangela, die in der italienischen Produktion DIE RÜCK-KEHR DER ZOMBIES (LE NOTTI DEL TERRORE, 1981) von ihrem Zögling in einer ikonischen Szene die Brustwarzen abgebissen bekommt, was ihr gleichzeitig einen Platz im Herzen vieler Horror-Fans sicherte.

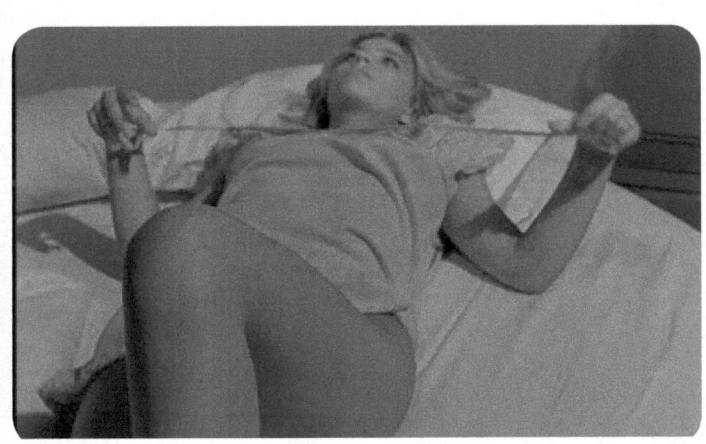

Ein altes Schloss, dunkle Flure und eine Handvoll Bewohner, die nicht nur alle etwas zu verbergen haben, sondern auch gerne in fremden Betten schlafen, bilden das Gerüst für Bianchis Werk. Eines Tages verstirbt Maria (Marina Hedman), die Frau des tyrannischen Hausherren Antonio Aguilar (Aldo Sambrell).

Story ist da erst mal nebensächlich. Solche genialen Kreationen sind mittlerweile Mangelware auf dem deutschen DVD und Blu-ray Markt geworden.

Ab diesem Moment wandelt Marias Geist durch das Schloss, auf der Suche nach Rache und einem neuen Körper. Neben den beiden lebt auch noch Ignacio (Alfonso Gaita), der Bruder von Antionio, im Schloss. Stumm und gelähmt nach einem Unfall für immer gefesselt im Rollstuhl. Trotz allem hat er ein Auge auf seine attraktive Pflegerin Schwester Sol (Mariangela Giordano) geworfen und gibt sich dabei lustvollen Fantastereien hin.

Der abergläubische Diener des Hauses, Isidro (Joe Davers), versucht in der Zwischenzeit mit einem seltsamen Ritual Körper und Geist der jungen Miria (Jacqueline Doupré) zu schützen, die bedroht vom Geist ihrer Mutter immer wieder nachts durch das Schloss wandelt, auf der Suche nach Opfern und Sex. Und wer jetzt noch auf den Satanszombie wartet, dem sei gesagt, dass der nicht mehr als eine kurzzeitig wiedererweckte Mumie in der dunklen Gruft des Schlosses ist.

Eifersucht, Besessenheit, Wahnsinn, Rache und etwas Nekrophilie sind die Zutaten zu Bianchis verdrehtem Horror-Sex-Filmchen, der nur langsam Struktur annimmt. Zu Beginn wirkt er, als würde jemand eine sinnbefreite Aneinanderreihung diverser Szenen vorführen. Die Atmosphäre wie auch die Ausstattung hingegen erinnern sofort an die guten alten italienischen Zombieklassiker aus dem Stiefelland, Nico Cataneses Soundtrack besorgt dabei den Rest. Will sagen, Italienfreunde fühlen sich hier sofort Zuhause.

Hier kommt das Ganze Fleisch auf den Grill.

CANNON
Der Autor von „STRASSEN IN FLAMMEN" und „NUR 48 STUNDEN"
präsentiert seinen neuen Film
3:15
DIE STUNDE DER COBRAS

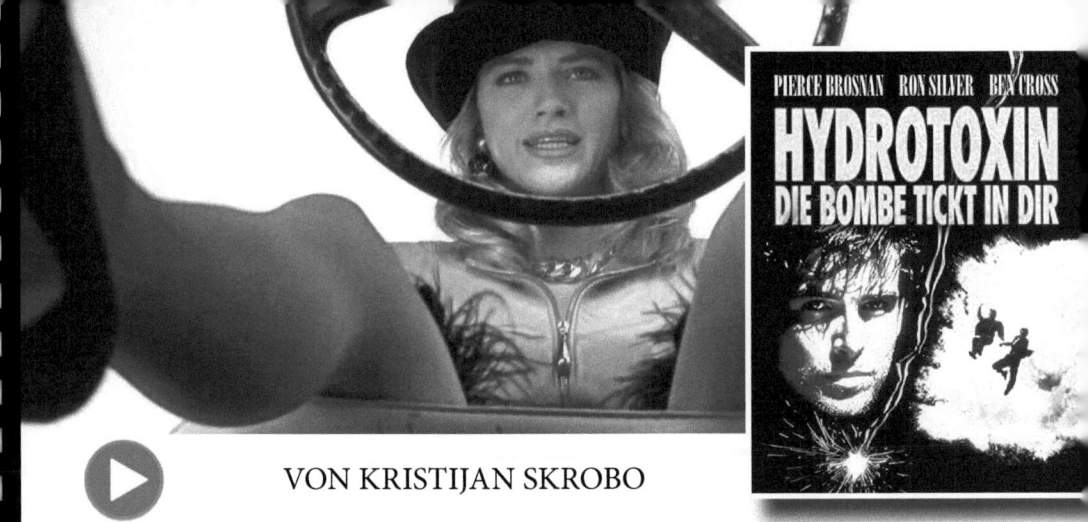

PIERCE BROSNAN RON SILVER BEN CROSS

HYDROTOXIN
DIE BOMBE TICKT IN DIR

VON KRISTIJAN SKROBO

Your body is 93% water...
no one is safe.

· ·

Der Bombenexperte O'Neill (Pierce Brosnan) ermittelt in Sprengstofffällen, bei denen kein Sprengsatz auffindbar ist. Die Opfer sind tatsächlich von innen heraus explodiert. Der Grund dafür liegt in einem wasserähnlichen, flüssigen Sprengstoff, den Terroristen anwenden, um eine Gruppe von Senatoren zu töten, von denen einer auch noch ein Verhältnis mit O'Neills Ex-Frau hat.

· ·

Hydrotoxin ist ein recht unbekannter Film, was schade ist den der Film macht ordentlich Laune. Er entstand in einer interessanten Phase von Pierce Brosnans Karriere. Kurz zusammengefasst: Nach Remington Steele, aber vor James Bond. Zwischen 87 (Ende von Remington Steele) und 95 (Goldeneye) schwamm Brosnan so etwas rum. Mini Serien wie Noble House, In 80 Tagen um die Welt, standen Bond Lights wie Death Train, Die Rembrandt Connection gegenüber, es gab Nebenrollen in größeren Filmen wie Mrs Doubtfire, Kultfilme wie der Rasenmähermann, aber es war auch immer wieder ein Action Thriller dazwischen wie Ein Mann wie Taffin

oder halt Hydrotoxin (92). In Hydrotoxin spielt Brosnan den Sprengstoff- und Bombenexperten Danny O'Neill, der etwas gebrochen und lebensmüde zwar für das FBI arbeitet, aber auch gleichzeitig quasi als Hobby und kleinen Running Gag (eigentlich nur am Anfang und am Ende des Films) Bomben entschärft. Sein Trauma kommt daher, dass sein Kind bei einem Unfall gestorben ist, wofür er sich Vorwürfe macht. Mit seiner Frau lebt er semi getrennt. Diese wird übrigens von Lisa Eilbacher gespielt (im grandiosen Ten to Midnight die Tochter von Charles Bronson) von der man auch etwas Körpereinsatz zu sehen bekommt.

Wie es in solchen Filmen sein muss, arbeitet Lisa Eilbacher für einen Senator, der zur Zielscheibe oder zu einer wichtigen Figur im Komplott des Films wird. Der Senator umgarnt sie, aber sie hängt noch am selbstzerstörerischen Danny, der natürlich auf den Senator nicht gut zu sprechen ist. Das selbstzerstörerische ist jetzt nicht so ausgereift, sondern wird immer mal wieder angeteasert. So richtig getraut haben sie sich das nicht das durchzuziehen und Brosnan ist auch etwas zu smart für einen gebrochenen Charakter.

Wie der Titel schon sagt, ist der Kniff hier, dass Wasser (oder vermeintliches Wasser) als explosiver Sprengstoff eingesetzt wird. Im Original heißt er übrigens Live Wire. Menschen, die die Flüssigkeit zu sich nehmen, werden quasi somit zur Bombe. Ein fantastischer Ansatz, im besten Sinne. Natürlich nicht wirklich realistisch, aber extrem cool. Wenn sich die Menschen in die Bomben verwandeln, dann wird das durch rote Augen verdeutlicht oder durch Gedärme, die aus dem Körper treten (Tony Plana). Der Körper kocht und verbrennt quasi von innen. Ein cooles Gimmick, was mich damals als 8 oder 9-Jährigen echt ein wenig schaudern lies. Trotzdem hat der Film auch immer eine augenzwinkernde Note und versucht das Ganze immer wieder mit ein paar lustigen Momenten aufzulockern. Auch wenn er hier und da etwas konstruiert und schemenhaft abläuft. Brosnan als sympathischer Lead, der immer sträflich unterschätz-

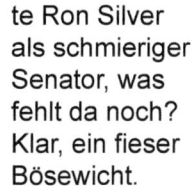

te Ron Silver als schmieriger Senator, was fehlt da noch? Klar, ein fieser Bösewicht.

Dieser wird dargestellt von Ben Cross. Der das Maximale aus dieser Rolle rausholt.

So ganz wird man aus seinen Motiven nicht klar. Geht es um Terrorismus oder Kohle, eigentlich beides egal, das alles dient als Staffage und er macht das als Bad Guy ohne Skrupel einfach gut. Bringt er den Wissenschaftler, der das Hydrotoxin herstellt doch schnell um, nachdem er ihn nicht braucht (dieser übrigens dargestellt vom leider inzwischen verstorbenen deutschen Schauspieler Clemens von Frankenstein). Wenn man die Augen offenhält, dann bekommt man auch Lauren Holly oder Norman Burton in kurzen Rollen zu sehen.
Regisseur war Christian Duguay, der inzwischen vor allem fürs Fernsehen arbeitet, aber auch Screamers und Art of War als Regisseur abgeliefert hat. Ein solider Handwerker halt. Die Action ist ok, jetzt nichts Außergewöhnliches, aber solide. Im Schlussspurt, beim Angriff auf die Villa des Senators verwandelt sich Brosnan in eine Art MacGyver, was ein paar coole Momente hervorbringt.

Der Film ist einfach ein schöner klei-

ner Thriller, wie man sie in den 90ern mehrfach bekommen hat. Hier und da wirkt er manchmal wie ein TV Film, aber das macht dem Spaß überhaupt keinen Abbruch. Für mich einer der besten Brosnan Filme, ein feines B-Filmchen, den ich mir auch immer wieder anschauen kann und der einfach einen hohen Unterhaltungswert hat. Die Prämisse hebt ihn auf jeden Fall über den Durchschnitt.

Ein Film der einen auch an die gute alte Videothekenzeit erinnert. Du hast das Cover gesehen, ne kompakte Laufzeit von 90 Minuten und du wusstest das du ne gute Zeit haben wirst. Dann nach dem Film wusstest du, das du kein Meisterwerk gesehen hast, vielleicht ist der Film auch ein wenig blöd, formelhaft, aber what the heck, du hattest eine gute Zeit. Inzwischen kann man ihn gut, z.B. über Amazon Prime streamen oder käuflich erwerben. Auf Blu-ray hat er es noch nicht geschafft, die DVD hat nicht die tollste Qualität, ist aber ok und pendelt aktuell zeitlich so um 10 Euro.

Vergessen war gestern, wir sprechen darüber!

Zwei junge Sklavinnen können von ihrem Raumschiff flüchten und müssen auf einem fremden Planeten notlanden. Dort machen sie mit dem gnadenlosen Zed Bekanntschaft, dessen Hauptzeitvertreib in der Menschenjagd liegt ...

Begriffe wie Trash oder B-Movie verwende ich nur sehr ungern. Vor allem, weil die Nutzung selbiger in den letzten Jahrzehnten exorbitant zugenommen hat. Ein kurzer Blick in ein x-beliebiges Filmforum oder eine Filmgruppe auf Facebook und Co. verdeutlichen das Dilemma. Wenn jedoch ein Film das Etikett Trash verdient hat, dann ist es zweifellos Ken Dixons Science-Fiction-Heuler JÄGER DER VERSCHOLLE-NEN GALAXIE (SLAVE GIRLS FROM BEYOND INFINITY, 1987).

Die Heldenrolle übernehmen zwei junge Frauen, die überaus bemüht sind, dem Film eine erotische Note zu verleihen. Dafür verwenden sie einige doppeldeutige Sprüche, aber ganz besonders ihren fast nackten Körper, da sie die kompletten 86 Minuten nur mit einigen Stoffresten bekleidet

durch die Handlung stolpern, wenn überhaupt. Das Ganze zielt klar in Richtung des Kultstreifens BARBARELLA aus dem Jahre 1968 mit Jane Fonda. Darüber hinaus gibt es jede Menge an sinnlosem Techno-Gebrabbel und ausreichend nackte Haut, wie auch etwas Soft-Sex.

Graf Zaroff nennt sich hier Zed (Don Scribner) und ist, wie alle anderen

VON STEFAN FUHRMANN

Szenen aus dem Original, erreicht aber zu keiner Zeit dessen Klasse.

Zwei blutjunge Sklavinnen, Daria (Elizabeth Kaitan) und Tisa (Cindy Beal), gelingt die Flucht vom Raumschiff ihrer Peiniger. Kurz darauf geraten sie in das Gravitationsfeld eines

Protagonisten des Filmes, nur ein Abziehbild des genialen Originals, ehemals gespielt von Leslie Banks. Das eigentliche Thema, die Menschenjagd, wird hier nicht weiter diskutiert, doch darum geht es Dixon auch niemals. Es gilt lediglich festzuhalten, was die jungen Darsteller an körperlichen Reizen zu bieten haben, verpackt in einer möglichst utopischen Kulisse.
Regisseur Ken Dixon, der auch am Drehbuch mitarbeitete, nimmt die Story des Klassikers GRAF ZAROFF – DAS GENIE DES BÖSEN (THE MOST DANGEROUS GAME, 1932) und vermischt sie mit einer großen Portion Science-Fiction sowie Sexploitation. Die Handlung ist eine annähernd 1 zu 1 Kopie des Klassikers mit einigen unwesentlichen Änderungen am Personal. Den Höhepunkt, die Jagd im Dschungel, kopiert Dixon sowie ganze

unbekannten Planeten. Nach der Notlandung lernen sie den charmanten Zed (Don Scribner) kennen, der sie überaus zuvorkommend willkommen heißt. Doch Zed hat ein dunkles und tödliches Geheimnis, von dem die beiden Girls nichts ahnen. Denn hier, auf diesem verlassenen Planeten, gibt er sich ganz seiner einzigen Leidenschaft hin: der Menschenjagd. Kurz darauf kämpfen auch Daria und Tisa um ihre nackte Haut, wenn Zed mit seinen Häschern eine gnadenlose Jagd auf die beiden Grazien veranstaltet.

Direkt zum Start des Films gibt es ausreichend Momente, die den Rezipienten entweder zum Lachen verleiten oder nur zum mitleidigen Kopfschütteln. Unsere beiden Heldinnen sehen jetzt nicht gerade aus, als wären sie die verlorenen Schwestern von Conan oder Herkules, aber sie zerreißen Stahlketten, als wären sie aus Pappe, zerlegen kampferprobte Söldner wie andere ihr T-Shirt wechseln und ganz nebenbei knacken sie auch noch jede Art von Türschloss. Bei so einer kleinen Produktion sollte der masochistisch veranlagte Zuschauer nicht zu viel Erwartungen in die Effekte stecken, denn die sind hier mit viel Wohlwollen höchstens Durchschnittskost. Das sehr knappe Budget hinterlässt an allen Ecken und Enden seine bösartigen Spuren. JÄGER DER VERSCHOL-

LENEN GALAXIE ist beileibe kein Meisterwerk der Filmkunst, was er auch nie wirklich sein wollte. Viel eher ist er ein kleiner „No Brainer" der eine klassische Story in ein Hightech-Gewand kleidet und den Zuschauer mit einem Augenzwinkern und etwas Sex-Appeal unterhalten möchte. Meines Wissens brachte die bisher einzige Auswertung auf DVD für den deutschen Markt das Studio Voulez Vous Film (Intergroove) in seiner Reihe: „Science Fiction Classic Box - Vol. 3" heraus.

VON STEFAN BÖSE

CLAUDIA JENNINGS

Hotter Pepper
Than

Manche Stars erleben ihren Ruhm leider nicht mehr. Da fällt mir spontan z.B. James Dean ein. Er konnte nur einen Bruchteil seiner aufstrebenden Karriere miterleben. Ein schwerer Autounfall nahm ihn aus dem Leben. So ähnlich erging es auch Claudia Jennings. Erst knapp ein Jahrzehnt nach ihrem Tod wurden viele Videotheken-Besucher auf die attraktive junge Frau aufmerksam und begannen sich ihre Filme anzuschauen. Erst durch die Videowelle wurden ihre zuvor wenig bekannten und unbeachteten Filme zu Geheimtipps und erfreuten sich großer Beliebtheit.

Geboren wurde Claudia Jennings als Mary Eileen Chesterton am 20. Dezember 1949 in Saint Paul in Milwaukee. Leider ist über ihre Kindheit nicht aufgezeichnet worden.

Im Jahr 1966 zog sie mit ihrer Familie nach Evanston, das liegt im Bundesstaat Illinois. Dort verblieb sie bis sie 1967 die Highschool abschloss. Ihr Streben war es als Schauspielerin ihr weiteres Leben zu bestreiten. Doch leider mißglückten Ihre Versuche kläglich. Sie bekam lediglich einen Job als Rezeptionistin beim Playboy.

Die junge quirlige Frau blieb nicht lange unbeobachtet. Sie fiel dem Fotografen Pompeo Posar auf. Er überredete Claudia mit einem Scheck über 5000 US-Dollar sich für eine Ausgabe des Playboys auszuziehen. Sie nahm das verlockende Angebot an. Diese Entscheidung ebnete ihr den Weg ins Filmgeschäft.

Doch der Fotograf hatte noch eine andere Idee, er verpasste ihr einen wohlklingenden Künstlernamen „Claudia Jennings". Sie posierte freizügig für die November Ausgabe 1969. Nur ein Jahr später erreichte sie sogar den Titel „Playmate des Jahres". 1970 heiratete sie den Musikproduzenten Bobby Hart. Durch ihn und seinen Kontakten bekam sie eine kleine Rolle im Film THE LOVE MACHINE (1971), im selbigen Jahr flatterte ihr ein weiteres Rollenangebot ins Haus. JUD ein Vietnam-Heimkehrer-Drama. Schon 1972 bekam sie ihre erste Hauptrolle im Film UNHOLY ROLLERS. Doch der wahre Durchbruch ließ noch zwei Jahre auf sich warten. Erst 1974 ebnete der Streifen TRUCK STOP WOMEN und GATOR BAIT (HETZJAGD IM SUMPF) ihren Weg in die Film-Welt. Exploitation Fans bekamen viele weitere Filme mit ihr, ihr Privatleben litt sehr unter dem Stress des Filmgeschäftes. Sie griff zu Drogen um den Stress zu bewältigen und Probleme aus der Welt zu schaffen, wenigstens für ein paar Momente. Sie bekam 1979 das Angebot die Rolle von Kate Jackson in der TV-Serie DREI ENGEL FÜR CHARLIE zu übernehmen. Jedoch bekam der TV-Sender Wind davon was Claudia in ihrer Jugend so alles für Sünden begangen hatte. Ihr Fotos im Playboy und andere freizügigen Rollen in Filmen verwehrten ihr die Möglichkeit die Rolle annehmen zu können. Das Action-Drama FAST COMPANY unter der Regie von David Cronenberg war ihre letzte Rolle. Am 03. Oktober 1979 prallte sie mit ihrem Auto gegen einen Baum und verstarb noch an der Unfallstelle. Ob vielleicht Alkohol oder Drogen im Spiel waren ist leider nicht bekannt. Die Vermutung ist nahe. Kein Mensch weiß wie vielleicht ihre Karriere weiter gegangen wäre. Naheliegend ist es das bestimmt einige Produzenten kurz vor ihrem Tod auf sie aufmerksam wurden. Ihre Filme bleiben Exploitation Fans gut in Erinnerung. Sie war eine junge, attraktive Frau die wusste wie sie die Waffen einer Frau einsetzen vermag um den Männern den Kopf zu verdrehen. R.I.P.

AIRBORNE - FLÜGEL AUS STAHL (1990)
VON STEFAN BÖSE

Die US-Army verliert bei einem Einsatz gegen ein Drogenkartell drei Hubschrauber. Nur Pilot Jake und sein Co-Pilot überleben. Das Pentagon stellt eine Spezialeinheit auf die Beine. Jake wird an einem modernen Apache-Kampfhubschrauber ausgebildet.

Recht schnell merkt man dem Film AIR BORNE – FLÜGEL AUS STAHL den Patriotismus an. Vor allem könnte man den ganzen Film als Werbefilm sehen für den Kampfhubschrauber Apache. So kann man auch neue Rekruten für die Army gewinnen. Doch ist das so schlimm? Man kennt diese Art von Filmen doch schon zu genüge? Man denke da nur an TOP GUN mit Tom Cruise. Auch der strotzt vor Patriotismus und Werbung – ist dennoch ein Klassiker geworden.

Gut AIR BORNE steht weit hinter Top Gun und den Filmen DER STÄHLERNE ADLER, weiß aber dennoch zu gefallen, und zu unterhalten und das ist das wichtigste.

Regisseur David Green inszenierte 1990 diesen Actioner mit Star-Besetzung. Green war selbst Schauspieler und verbrachte mehr vor der Kamera als auf dem Regiestuhl. Zu seinen Auftritten gehören Filme wie STREET FIGHTER (1994), THE SUNCHASER (1996) und FRAUENLAGER DER NINJA (1987).

Für AIR BORNE konnten die Produzenten, die laut Cover auch die vom Film PLATOON sein sollen, Nicolas Cage und Tommy Lee Jones gewinnen. In einer weiteren Rolle ist Sean Young zu sehen. Somit konnten sie drei sehr erfolgreiche, namenhafte Schauspieler für dieses Action-Spektakel gewinnen.

AIR BORNE punktet mit satter Action wenn sie im Hubschrauber sitzen, dazu

flotte Sprüche mit Reimen aus dem Mund von Cage und einen kühnen Tommy als Ausbilder und Vorgesetzter. Untermalt werden viele Szenen mit Songs von Phil Collins. Der Film ist zwar kurzweilig und man muss sich etwas an die Synchronstimmen gewöhnen, da es nicht

die bekannten zugehörigen Stimmen sind. Storytechnisch sehr flach, aber der Actioner-Fan erwartet einfache Popcorn Unterhaltung. Dies kann AIR BORNE bieten und vor allem halten. An vorderster Stelle stehen die Kampf- und Flugszenen mit den Hubschraubern. Auffallend ist das ihnen auch viel Screentime spendiert wurde. Abgerundet werden die Flugszenen noch mit vielen Sequenzen aus dem Trainingsprogramm. Die dürften zwar heutzutage etwas altbacken wirken, aber das waren halt die 90er.

Wer auf flotte Action, mit bekannten Schauspielern steht, einen stimmigen Souundtrack und markante Sprüche genießt, der sollte zu AIR BORNE greifen.

Vergessen war gestern, wir sprechen darüber!

NACKTE FÄUSTE – DIE TÖDLICHE KARATELADY (1981)

Auf der Suche nach ihrer wie vom Erdboden verschwundenen Schwester begibt sich Martial-Arts-Champion Susanne Carter (Jillian Kesner) auf die Philippinen und gerät dort an ein Verbrecherkartell.

Die Geschichte ist einfach. Jillian Kesner reist auf die Philippinen, um herauszufinden, was mit ihrer Schwester passiert ist, die verschwunden ist, als sie einen Bericht über das lokale Drogenkartell schrieb (tatsächlich war sie in einem unterirdischen Kampf, der zu Beginn des Films gezeigt wurde, und machte Fotos von der Brutalität, die zuvor von einigen Philippinern abgezogen wurden). Sobald Kesner aus dem Flugzeug steigt und in ihrem Motel ankommt, wird sie von Räubern in ihrem Zimmer angegriffen. Zum Glück ist sie zu diesem Zeitpunkt in Unterwäsche, was es einfach macht, die Bösewichte mit einem Teil ihres Karate-Trainings mit schwarzem Gürtel der Stufe fünf abzuwehren.

Kesner geht los, um in einer Bar nach ihrer Schwester zu suchen. Der Barmann hat sie seit Wochen nicht gesehen und eine Nachricht für sie aufbewahrt. Als sie die Nachricht bekommt, bricht ein Kneipenkampf aus, an dem Kesner sich verpflichtet fühlt. Dieser

Film mag 1981 herausgekommen sein, aber wirkt eher wie 1974 mit den Kampfkünsten im Hongkong-Stil. Kesner ist eine großartige Kämpferin und wird in diesem Kampf vom Bar-Mann und einem zufälligen Bruce Lee-Klon unterstützt. Es gibt keinen Reim oder Grund für diesen Kampf, aber es ist trotzdem lustig. Der Barmann teilt die Nachricht mit Kesner und entwickelt Fotos, die sie gemacht hat, und identifiziert einen lokalen Bösewicht, Chuck Donner (gespielt von Darby Hinton mit einem tollen Schnurrbart).

Ken Metcalfe , ein wiederkehrender Name in philippinischen Ausbeutungsfilmen, schreibt und spielt in NACKTE FÄUSTE, obwohl seine Rolle nicht sehr groß ist. Er spielt die Rolle des Drogen-Overlords und Underground-Fight-Club-Besitzers Erik, der Chuck herumkommandiert und sich über fehlgeschlagene Versuche ärgert, seine gestohlenen Drogen zurückzubekommen. Kesner täuscht das Interesse vor, an seinen Turnieren teilzunehmen, in der Hoffnung mehr über ihre Schwester herauszufinden, gerät jedoch auf dem Weg in verschiedene Schwierigkeiten, die alle zu Kämpfen führen. Sie schlägt sogar eine Schlange zusammen.

Es gibt so tolle Momente in NACKTE FÄUSTE und bei einer Laufzeit von 77 Minuten wird es nie wirklich langweilig. Wir bekommen auch ein paar Waffen präsentiert, aber die Kämpfe stehen hier im Vordergrund. Der Höhepunkt des Films ist, wenn Kesner in einem langen Kleid und High Heels auf der Straße ist und (natürlich) von Schlägern angegriffen wird. Der Kampf geht wie gewohnt weiter, bis ein Schläger ihr Kleid abreißt und sie wieder in ihren Dessous kämpft! Gerade als du denkst, es könnte nicht besser werden, schneidet einer der Schläger ihren BH von vorne ab und in einem Moment springen die Zwillinge heraus – und trotzdem kämpft sie weiter!

Es gab einmal eine Zeit, in der waren Mark und Jessie nur glücklich. Perfekte Ehe, tolle Jobs, Haus am Strand, Kabelfernsehen, ein Leben aus dem Bilderbuch. Doch über Nacht sollte sich alles, alles ändern. Und zwar dramatisch. Es gibt keine Möglichkeit zu entfliehen, kein Versteck, in das sie sich zurückziehen könnten und keine Notrufnummer, die ihnen helfen würde. Die schlimmste aller Plagen ist im Anmarsch.

Ein kleines Juwel unter den vielen Komödien der 90er ist definit MADHOUSE von 1990. Ein sehr unterschätzter Film, der für mich unverständlich bei vielen Kritikern förmlich durchgerasselt ist und bei ihnen einen negativen Eindruck hinterlassen hat. In meinen Augen eine völlige Fehleinschätzung und Beurteilung, denn diese Komödie die unter der Regie von Tom Ropelewski entstand sprüht förmlich vor Charme und zahlreichen Gags – noch dazu mit einer Geschichte die man teilweise bestimmt aufs eigene Leben spiegeln kann.

Was braucht man alles um glücklich zu sein? Einen Partner der zu einem hält, ein schickes Haus, tolle Autos und einen gut bezahlten Job. Dazu ein paar wichtige Freunde – doch was ist mit der Familie?

Da gibt es doch sicherlich auch ein paar Kandidaten wo der Ärger innerhalb der Familie vorprogrammiert ist. Wie sagt man oft – wenn man Familie hat braucht man keine Feinde mehr. Zumindest trifft dies nur teilweise auf Menschen zu, sorgt aber in einer Komödie für ordentlichen Zündstoff.

Regisseur Ropelewski schuf mit MADHOUSE eine Komödie, die den Zuschauer in den täglichen Wahnsinn mit Familie entführt. Mit den schönen aber auch negativen Seiten, Erlebnissen die so manche Menschen zum explodieren bringen könnte. Denn wie reagiert man selbst wenn unverhofft ein paar Familienmitglieder vor der Tür stehen und sich sozusagen einnisten ins heimische Domizil.

Vergessen war gestern, wir sprechen darüber!

Die Laufbahn des Regisseurs ist recht kurz, MADHOUSE war sein erstes Werk, drei Jahre später drehte er „Kuck mal, wer da jetzt spricht" wieder mit der attraktiven Kirstie Alley. Somit wären wir auch schon bei der ersten Hauptrolle, Kirstie Alley die in den 90er in zahlreichen Filmen ihr komödiantisches Talent und Beweis stellte, mimte in MADHOUSE Jessie. Die Filmreihe KUCK MAL WER DA SPRICHT brachte ihr den Mega-Erfolg ein und bescherte ihr zahlreiche Angebote für Filmen.

In die Rolle als Ehemann schlüpfte Schauspieler John Larroquette, ein markantes und sehr facettenreiches Gesicht in Hollywood. Sei es Hauptrollen oder Nebenrollen, ein Schauspieler der durchaus sehr gefragt war und in dutzenden Filmen wieder zu finden ist. Ich bin das erste mal auf ihn aufmerksam geworden in der TV-Serie „Harrys wundersames Strafgericht" in der Rolle als Anwalt Dan Fielding. Larroquette spielte in Krimis, Thriller,

Komödien und auch Horrorfilmen mit, dies zeigt ein eindrucksvolles Potenzial des Mannes.

John und Kirstie harmonieren im Film MADHOUSE wie ein echtes Ehepaar. Man nimmt ihnen förmlich die Rollen sehr authentisch ab und kann mit ihnen mitfühlen als der Leidensweg mit der Familie seinen Lauf nimmt. Doch es ist nicht nur der Besuch der das Glück des Paares stört, nein sie bringen auch noch ihre Probleme mit. Sei es Beziehungsprobleme, Job-Schwierigkeiten und vieles mehr. Noch dazu werden auch Haustiere mitgeschleppt und sorgen ebenfalls für Chaos. Besonders eine Katze sorgt für Trubel und spielt mit ihren 9 Leben und sorgt somit für allerlei Lacher und lustige Szenen. Wie weit können Umstände, Schicksale einen Menschen dazu bringen alles hinter sich zu lassen um ein neues Leben aufzubauen? MADHOUSE zeigt humorvoll, charmant den Zuschauer ein paar Ideen und Möglichkeiten. Vielleicht das nächste

Mal darüber nachdenken wenn sich die Familie selbst einlädt?

MADHOUSE bietet den typischen Slapstick der 80er aus den USA, ein paar Geschmacklosigkeiten die jedoch auch wieder witzig sind und Witze mit dem Holzhammer auf dem Silbertablett. Die Story ist recht simpel und einfach gestrickt aber bietet einen hohen Schauwert und allerlei Witze und gelungene Stellen gewürzt mit Slapstick. Sarkasmus ist hier an der Tagesordnung und für Zombie-Fans gibt es sogar eine Persiflage an Romeros „Night of the living dead".

Einziger Wehrmutstropfen ist das es diesen Film in Deutschland nur auf VHS gibt. Eine würdige DVD oder Blu-ray Umsetzung wäre wünschenswert. Doch leider hat das Studio keinerlei Interessen daran ältere Filme erneut auf den Markt zu bringen. Lediglich in den USA gibt es eine Blu-ray, wobei dort auch angezweifelt wird ob es sich um eine offizielle Version handelt.

TRAXX (1988)

Die einst so idyllische Provinz-stadt Headleyville ist zur Las-terhölle der Mafia verkommen. Da kommt der tumbe muskel-bepackte Traxx in die Stadt, um sich als Kecksbäcker nieder-zulassen. Als ihn der Pate Aldo Palucci wieder vertreiben will, füttert Traxx die Killer mit Blei und Dynamit.

Was haben eine 45er Magnum und Kekse gemeinsam? Eigentlich nichts – außer man redet vom Actioner TRAXX aus dem Jahr 1988. Dort geht es vorrangig um einen Mann der ei-gentlich nur entspannt Kekse backen möchte um sie an den Mann zu brin-gen. Doch er hat die Rechnung ohne die Bösen Buben gemacht und muss sein Backblech erstmals wegstellen und sich um andere Angelegenheiten kümmern. Doch immer im Hinterkopf welche Kekse er demnächst backen kann und welche Rezepte ihm noch im Kopf umher schwirren.

Nicht nur die Story ist obskur sondern allgemein der Film, zum einen wieder so mies und schlecht das er wieder gut ist und andere Zungen sagen, so muss eine Action-Komödie sein. Hirn aus, Spaß an!

TRAXX ist ein sehr amüsantes Werk das unter der Regie von Jerome Gary entstand. Es war erst sein zweiter Film und leider auch sein letzter. Die Gründe für diese kurze Karriere sind leider nicht zu erkennen. Zum einen könnte es am mangelnden Erfolg von TRAXX zur damaligen VHS Zeit sein oder keine Ambitionen und keine Angebote mehr.

können. Seine Laufbahn als Schauspieler ist recht überschaubar und kaum Filme die man hierzulande kennt. Bis vielleicht ein paar Serien-Rollen mit kurzen Auftritten.

Mit flotten Sprüchen und allerlei Situationskomik kann der Film durchaus überzeugen und den Zuschauer mehr als nur ein müdes lächeln ins Gesicht zaubern. Mit Bedacht nicht in den Klamauk oder ins Lächerliche abzudriften sind dem Regisseur und dem restlichen Team gute Szenen gelungen. Wer sich den Trailer anschaut wird nur einen kleinen Teil dieser Action-Komödie erkennen und bekommt Lust auf mehr.

Das der Film aus den 80er stammt merkt man ihm deutlich an, allen voran die Frisur vom Hauptdarsteller Shadoe Stevens. VoKuHiLa (Vorne kurz, hinten lang) versprüht förmlich den Charme der 80er und der Action-Stars dieses Jahrzehnts.

Shadoe Stevens passt perfekt in die Rolle des Keksbäckers der sich mit den Bösen Buben der Mafia anlegt um in Ruhe seine Kekse backen zu

Leider gibt es diese amüsante und flotte Action-Komödie bislang nur auf VHS in Deutschland.

DEMON WARP (1988)

VON STEFAN BÖSE

Seit ein Komet tief in den Wäldern niedergegangen ist, schleicht ein affenartiges Wesen umher, welches Leute tötet. Eine Gruppe Teenager macht gerade Urlaub in den Wäldern und stößt auf einen offenbar verwirrten Mann, der seine Tochter durch das Monster verloren hat. Wie weit ihm zu trauen ist, wissen die Kids nicht. Hinter den Ereignissen um das mordende Affenwesen steckt ohnehin mehr, als die Teenager auf ihrer Flucht bislang vermutet hatten...

Wer mit TRASH nichts weiter anfangen kann, der braucht schon mal gar nicht weiterlesen. Denn DEMON WARP (1988) ist ein kleines Sahnestück im Genre. Noch dazu bislang ein ONLY VHS Kandidat in Deutschland. Wie könnte man DEMON WARP mit ein paar Wörtern beschreiben? Jason im Affenkostüm trifft es da ganz gut. Eine Mixtur in Sachen Sex- und Exploitation!

Slasher meets Trash – diese bunte

Mischung ist dem Regisseur Emmett Alston ganz gut gelungen. Er zeigt eindrucksvoll, dass man mit einem geringen Budget von nur knapp 250.000 US-Dollar so einiges wirres, aber dennoch unterhaltsames Zeug fabrizieren kann. Auch wenn DEMON WARP ein recht unbekannter Streifen ist, so besitzt er bei seinen wenigen Fans

einen hohen Status. Regisseur Alston drehte in seiner Karriere unter
anderem noch DIE 9 LEBEN DER
NINJA (1985) und ROCKNACHT
DES GRAUENS (1981).

gen von Frank Trebin aus DIE
NACKTE KANONE TRILOGIE. In
DEMON WARP ist jedoch seine
Screentime sehr begrenzt und er
huscht lediglich ein
paar Mal durchs
Bild.

In einer weiteren
Rolle taucht Michel-
le Bauer auf, wie
man es von ihr ge-
wohnt ist, entkleidet
sie sich auch hier
recht schnell und
präsentiert dem
Zuschauer ihre opti-
schen Reize. Wenn
man bedenkt das
Michelle Bauer im
Hardcore-Geschäft
als Darstellerin angefangen hat,
wirkt sie hier recht zurückhaltend.
Statt wie andere Schauspielerin-

Auch wenn DEMON WARP mit
einer etwas wirren Story anfängt
und der Zuschauer erstmal ordentlich durch die Klischees von Horrorfilmen gezogen wird, weiß der
Film zu punkten. Allen voran durch
die Special Effekte, für die aller
Wahrscheinlichkeit das meiste
Geld des Budgets drauf ging. Für
die Effekte war Künstler John Carl
Buechler zuständig, der uns auch
schon in DER TODESJÄGER und
TROLL sein Talent bewies.

Eine kleine Mogelpackung ist
DEMON WARP doch auch leider.
Auf dem Cover und Poster aus der
damaligen Zeit prangert Schauspieler GEORGE KENNEDY. Ihn
kennen wir vor allem als Kolle-

nen schlug sie den Weg anders
herum ein. Sie war eine durchaus
beliebte Darstellerin im Filmgeschäft und spielte in zahlreichen
B-und C-Movies mit. Sie war auch
ein Liebling von Fred

Vergessen war gestern, wir sprechen darüber!

Olen Ray – noch Fragen?

Die ersten 50 Minuten des Films sind recht langatmig und teils sehr verwirrend. Die Story ist sofern sie vorhanden ist etwas konfus konstruiert worden. Zwischendurch wird man schon mit ein paar charmanten Gore-Einlagen bei Laune gehalten. Gute Horrormasken und die MakeUp Abteilung zeigte auch eindrucksvoll ihr Können. Im späteren Verlauf nimmt der Film ordentlich an Fahrt auf. Harte Gore und Splattereinlagen kommen zum Vorschein. Dazu noch ein stimmiges und passendes Set, DEMON WARP wurde hauptsächlich in Topanga Canyon in der Nähe von Los Angeles, sowie im Griffith Park gedreht. So bekommt der Streifen noch einen Touch BACKWOOD mit ins Skript gepackt.

unter www.film-retro-shop.de
Handy/WhatsApp 015114993549
WIR KAUFEN EURE VHS AN !
email: hendrik@film-retro-shop.de

BE KIND
REWIND

$1.00
CHARGE
IF NOT
REWOUND

Retro Samstag an je-
dem ersten Samstag im
Monat 14-18 Uhr
Lübbecker Str. 206a,
325854 Löhne

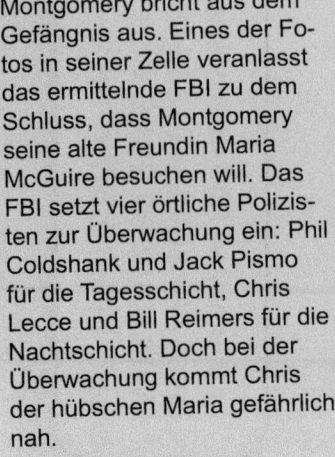

Der Gangster Richard „Stick" Montgomery bricht aus dem Gefängnis aus. Eines der Fotos in seiner Zelle veranlasst das ermittelnde FBI zu dem Schluss, dass Montgomery seine alte Freundin Maria McGuire besuchen will. Das FBI setzt vier örtliche Polizisten zur Überwachung ein: Phil Coldshank und Jack Pismo für die Tagesschicht, Chris Lecce und Bill Reimers für die Nachtschicht. Doch bei der Überwachung kommt Chris der hübschen Maria gefährlich nah.

 VON STEFAN BÖSE

John Badham drehte 1987 diesen Buddy-Movie, er schwamm erfolgreich in der Welle dieser Art Unterhaltung mit, und kam im selben Jahr wie LEATHAL WEAPON in die Kinos. Doch auch wenn Badham ihn etwas actionschwacher rüstete, somit bleibt er dennoch der älteren Generation vorbehalten, für das jüngere Publikum ist STAKE OUT (Original-Titel), hierzulande unter DIE NACHT HAT VIELE AUGEN vertrieben, weniger geeignet.

In den 80er Jahren gab es unzählige Buddy-Movies, doch was macht diesen hier so besonders? - Nun, dies ist schnell beantwortet: Er macht Riesen-Spaß!

Badham drehte einige bekannte Werke, darunter fallen Titel wie WARGAMES - KRIEGSSPIELE

von 1983, DAS FLIEGENDE AUGE aus demselben Jahr und auch NUMMER 5 LEBT! von 1985, um hier nur ein paar Titel zu nennen. Badham drehte auch die Fortsetzung zu DIE NACHT HAT VIELE AUGEN im Jahr 1993 mit denselben Darstellern.

Bei der Auswahl der Darsteller wurde genau darauf geachtet, dass sie miteinander harmonieren und Spaß an der Freude haben, somit wird die Glaubwürdigkeit und das Gefühl der Unterhaltung immens verstärkt. So wie auch hier, es bekamen Richard Dreyfuss, Emilio Estevez und Madleine Stowe ihre Rollen zugeteilt. Sie harmonieren so sehr zusammen, dass man das Gefühl bekommt, sie seien seit Jahren feste Freunde und hängen zusammen ab.

DIE NACHT HAT VIELE AUGEN (1987)

In weiteren Rollen sind unter anderem Forest Whitaker, Aidan Quinn und Dan Lauria zu sehen.

Ich erwähnte schon das DIE NACHT HAT VIELE AUGEN etwas actionschwacher auf der Brust sei, aber dafür wurde die Story mit Witz und Charme verfeinert, was dem Unterhaltungswert zugutekam. Der Film vereint mehrere Genres zusammen, sei es Komödie, Action, Thriller und Romantik, die Story bedient sich abwechselnd aus den verschiedenen Genres und bringt somit dem Zuschauer die nötige Portion Abwechslung um Langeweile zu vermeiden.

Hier wird auch mal geschossen, eine wilde Verfolgungsjagd bestritten, aber genauso gut wird hier Humor und Witz verbreitet, Thriller-Elemente mithilfe eines Gefängsnisausbruchs mit einem durchgedrehten Ex einer Frau, natürlich darf die Romantik auch nicht fehlen, somit ist ein Happy End vorprogrammiert.

Der Zuschauer bekommt hier temporeiche Szenen wie auch dialoglastige geliefert, ein paar Wendungen und Überraschungen fanden ebenfalls ihren Platz im gut durchdachten Skript.

Alle Darsteller liefern gute, überzeugende Leistungen ab, und die Schabereien, die die Cops sich untereinander bescheren, runden den Gesamteindruck des Films ab. Da darf es auch mal etwas makaber zugehen ohne jedoch ins Kitschige, Lächerliche abzudriften.

DIE NACHT HAT VIELE AUGEN merkt man nicht sonderlich an, dass die Spiellaufzeit etwas länger geraten ist. Langeweile ist hier fehl am Platz und kommt nicht auf, dafür sorgen die abwechslungsreichen Szenen der Action gepaart mit Humor und Charme. Der Film ist spannend, witzig, temporeich und stammt noch aus den guten 80er Jahren - was möchte man mehr?!

Bis hin in die 90er wurden zahlreiche Buddy-Movies abgedreht und dem breiten Publikum präsentiert, doch die Ära dieses Sub-Genres war eindeutig in den 80er beheimatet. Daher ist es auch nicht sonderlich verwunderlich, dass die meisten solcher Ableger an den Kino-Kassen floppten. Die Zuschauer und Kino-Besucher hatten sich an diesem Sub-Genre mittlerweile satt gesehen.

Aufgrund des großen Erfolges von DIE NACHT HAT VIELE AUGEN wurde 1993 eine Fortsetzung gedreht. Badham stand wieder hinter der Kamera, und Dreyfuss, Estevez wurden wieder für vor die Kamera engagiert. Doch leider konnte die Fortsetzung nicht an den Erfolg des Vorgängers anknüpfen und versagte ebenfalls wie andere Projekte an den Kino-Kassen. Die Zuschauer / Besucher hatten kein Interesse mehr an solchen Filmen. Schade, denn in meinen Augen kann Teil 2 ebenfalls den Zuschauer gut unterhalten und bietet wie schon im Vorgänger eine wilde, temporeiche und witzige Story.

Vergessen war gestern, wir sprechen darüber!

Es ist ein harter Job – aber einer muß ihn tun!

RICHARD DREYFUSS · EMILIO ESTEVEZ

DIE NACHT
HAT VIELE AUGEN

STAKEOUT

TOUCHSTONE PICTURES zeigt in Verbindung mit SILVER SCREEN PARTNERS II Eine JIM KOUF/CATHLEEN SUMMERS Produktion Ein JOHN BADHAM Film
RICHARD DREYFUSS EMILIO ESTEVEZ „STAKEOUT" Musikkompositions ARTHUR B. RUBINSTEIN Kamera JOHN SEALE, A.C.S.
Supervising Producer GREGG CHAMPION Produktion JIM KOUF und CATHLEEN SUMMERS Drehbuch JIM KOUF Regie JOHN BADHAM
© 1987 Touchstone Pictures   Kopien von DE LUXE®   Ein Touchstone Film im Verleih der 🅿️   🔲 DOLBY STEREO

Ab 21. 1. 1988

PREMIERE
IM OKTOBER

STAR 80

MARIEL HEMINGWAY als Playmate des
Jahres 1980. Die authentische Geschichte einer
großen Karriere, die verhängnisvoll endet.
Best.-Nr.: 70013
FSK freigegeben ab 16 Jahren

SPUR DER GEWALT

Zwei Bullen räumen auf
Best.-Nr.: 99365 · FSK freigegeben ab 16 Jahren

WARNER HOME VIDEO

STAR 80

EIN FILM VON BOB FOSSE "STAR 80" MIT MARIEL HEMINGWAY · ERIC ROBERTS · CLIFF ROBERTSON
CARROLL BAKER · ROGER REES · DAVID CLENNON

SPUR DER
GEWALT

BARRY
LYNDON

DAILY NEWS
DIE STADT DER MÖRDER SCHOCKT ALLE
BIS AUF EINEN : CHARLIE CHAN

CHARLIE CHAN
& der Fluch der
Drachenkönigin

VON STEFAN BÖSE

Manchen Regisseuren traut man nur wenig zu, viele haben sich auf ein Genre festgelegt und bleiben ihrer Linie treu. Doch diese Linie muss erstmal gefunden werden, und so ist es auch nicht verwunderlich, mit was für Filmen so manche Regisseure ihren Weg bestritten haben. So auch Ron Howard - eine Ikone des Fachs, viele namenhafte Klassiker gesellen sich in seiner Filmographie. 1984 mit SPLASH - EINE JUNGFRAU AM HAKEN, vier Jahre später mit dem Fantasy-Abenteuer WILLOW, 1991 ging er mit BACKDRAFT - MÄNNER DIE DURCHS FEUER GEHEN an den Start, man merkt recht schnell, dass er das Genre oft wechselte, und sich dennoch einen Namen und Status in Hollywood erarbeiten konnte. Gut möglich aufgrund seiner Vielschichtigkeit. Doch es fing bereits 1977 mit dem Actioner GIB GAS UND LASST EUCH NICHT ERWISCHEN an, vielen unter dem Alternativtitel GTA geläufig, klingt nach einem Computerspiel, aber damit hat er nichts gemeinsam.

1982 drehte er die Komödie NIGHT SHIFT - DAS LEICHENHAUS FLIPPT VÖLLIG AUS. Mit noch zwei jungen und talentierten Schauspielern, die erst Jahre später sich ebenfalls einen Namen erspielen konnten, und sogar für diesen Film mit Auszeichnungen belohnt wurden.

Henry Winkler und Michael Keaton mimen ein ungleiches Gespann, die gemeinsam ein Ziel verfolgen und sich der Realität etwas beugen und das Leben zu sehr auf die leichte Schulter nehmen. Chuck Lumley arbeitet an der Wall Street als Broker, er ist jedoch mit seinem Job unzufrieden. Lumley findet neue Arbeit im New Yorker Leichenschauhaus. Dort wird ihm die Nachtschicht zugewiesen, damit die Tagesschicht ein Verwandter des Chefs übernehmen kann, der seine Arbeitszeit mit dem Fernsehen verbringt. Lumley lernt während der Nachtschicht Bill Blazejowski kennen, der zahlreiche Geschäftsideen hat. Währenddessen kriselt seine Beziehung mit Charlotte Koogle, mit der er verlobt ist. Lumley findet seine Nachbarin, die Prostituierte Belina Keaton, attraktiv. Die Frau inspiriert Lumley und Blazejowski zur Gründung eines Call-Girl-Dienstes mit dem Leichenschauhaus als Geschäftsstelle.

NIGHT SHIFT schreitet in einem leichten Tempo voran, die einzelnen Charaktere werden dem Zuschauer sehr ausführlich vorgestellt und mit allerlei Hintergrundinformationen versorgt. Dieses Unterfangen nimmt leider schon sehr viel Spielzeit des Films ein. Leider kamen auch leichte Verwirrungen und Missverständnisse der Charaktere mit ins Skript, was den Zuschauer etwas durcheinanderbringen könnte. Das Skript stammt übrigens aus der Feder von Lowell Ganz und Babaloo Mandel, die unter anderen für das Drehbuch zu SPLASH und CITY SLICKERS verantwortlich waren.

NIGHT SHIFT nimmt die Thematik der Prostituierten nicht sonderlich ernst, Konflikte und Problembewältigung mit den Pimps (Zuhälter) werden nur angekratzt, um den Erhalt der Komödie zu bewahren, vielleicht sinnvoll, aber auch dies birgt viele Situationen in denen man auch noch mehr Gags hätte einbauen können.

Doch der Schwerpunkt des Films liegt auf der Geschäftsidee der beiden Hauptdarsteller. Die Schauspielerin Shelley Long mimt hier eine Prostituierte, die sogar noch die Nachbarin von Chuck im Haus ist. Viele kennen sie noch als DIANA aus der TV-Serie CHEERS, dort spielte sie in über 100 Episoden mit. Aber auch zahlreiche andere Rollen kann sie in ihrem Lebenslauf verzeichnen.

Der Humor in NIGHT SHIFT äußert sich durch markige Sprüche und schnell gesprochene Sätze von Bill. Die deutsche Synchronstimme von Eddie Murphy legt in der deutschen Fassung nochmal ordentlich zu. Jedoch hat man immer das Gefühl, dass man Ed-

die Murphy vor sich hat, so sehr hat sich die Stimme ins Gedächtnis eingeprägt.

Doch lässt man dieses kleine Manko etwas beiseite, so bekommt man eine gelungene Komödie ins Haus. harmlos, aber unterhaltsam, eine klassische Screwball-Komödie hat uns Ron Howard da gezaubert.

Natürlich darf ein klassisches Happy End nicht fehlen.

NIGHT SHIFT gibt es in Deutschland auf VHS und DVD mit einer Freigabe von 16. Im Free TV oder bei einem Streaming-Anbieter konnte ich dieses kleine Juwel noch nicht erblicken.

Vergessen war gestern, wir sprechen darüber!

DAYLIGHT (1996)

VON STEFAN BÖSE

Als eine Explosion den stark befahrenen Verkehrstunnel unter dem Hudson River von der Außenwelt abschneidet, sind die Überlebenden giftigem Rauch, Feuer und dem drohenden Einsturz des Tunnels ausgesetzt.
Ihr einzige Hoffnung liegt in den Händen von Kit Latura (Sylvester Stallone), einem ehemaligen Leiter des Katastrophenschutzes, der von einer tragischen Vergangenheit verfolgt wird.
Als die Mauern einzustürzen beginnen und der Tunnel sich immer mehr mit Wasser füllt, riskiert Latura sein Leben für das der anderen und verhindert, daß die Katastrophe zu einem noch größeren Desaster eskaliert.

Das Hollywood der 70er und 80er hatte sich weitgehend verändert in den 90er Jahren. Der Einzug der technischen Möglichkeiten mithilfe von CGI brach eine neue Ära an. Viele Ideen die vorher undenkbar in der Umsetzung waren, wurden wieder aufgegriffen und in die Tat umgesetzt. Der Actioner „Daylight" der eher als Katastrophen-Film einzuordnen ist, macht da keine Ausnahme. Statt nur auf handgemachte Effekte zu setzen, kam hier auch CGI zum Einsatz, doch wurden Miniatur-Modelle nicht auf´s Abstell- gleis geschoben, auch sie bekamen ihre Daseins-Berechtigung im Film. So vereint der Streifen viele technischen Raffinessen und Möglichkeiten in einem Film.
Steven Spielberg machte es allen vor als er mit „Jurassic Park" (1993) bewies was technisch alles möglich sei. Man bedenke auch das zu diesem Zeitpunkt auch diese Technik der Effekte mithilfe von Computern noch in den Baby-Schuhen steckte.

Für die Hauptrolle wurde Hollywood-Star Sylvester Stallone engagiert, Rob Cohen der Regisseur vom Film war der sichtlichen Überzeugung das er perfekt in die Rolle des Helden passt. Held? Nicht wie gewohnt als Einzelkämpfer gegen eine ganze Armee, und auch nicht mit Boxhandschuhen um anderen die Birne weich zu klopfen. Sly schlüpft hier in die Rolle eines normal sterblichen der nur durch die Situation bedingt und mithilfe der Bewältigung von Ängsten in die Heldenrolle steigt. Auch die anderen Rollen sind sehr interessant besetzt worden. Viggo Mortensen, der hier zwischen zwei Drehorten hin und her pendelte, Danielle Harris, die man später vor allem aus vielen Horrorfilmen kennt, Sage Stallone, der leibliche Sohn von Sly und Amy Brennemann, die man auch aus HEAT (1995) kennt.

Die Story von DAYLIGHT basiert lose auf einen Vorfall den es 1949 in New York bei einem Tunnel gegeben hatte. Ein paar wahre Ereignisse der damaligen Katastrophe fanden ihren Platz im Skript vom Film. Hinzu kommt das ein persönliches Erlebnis des Regisseurs, mit einem Großbrand dafür sorgte, seine Dankbarkeit und Anerkennung der Hilfskräfte mit diesem Film zu würdigen. DAYLIGHT ist kein Action-Film von der Stange, er reiht sich wunderbar elegant in die Riege der Katastrophen-Streifen der 90er ein. Man denke da nur an TWISTER, DANTES PEAK und VOLCANO. Alles Produktionen aus den 90er Jahren die eindrucksvoll die Entwicklung und den Fortschritt des CGI repräsentieren.

Rob Cohen präsentiert uns mit DAYLIGHT einen spannenden und zugleich emotionalen Action-Kracher aus dem Sub-Genre KATASTROPHEN. Der Mann weiß was die Zuschauer sehen wollen. Packende Action-Szenen wo einem die Luft zum atmen ausbleibt und dazu ordentliche Krach. Mithilfe von Wasser, Feuer, Rauch, Explosionen gelingt es ihm der recht simplen Story ordentlich Ausdruck zu verleihen. Besonders auffallend ist das typische 10 Kleine Negerlein Prinzip was auch hier seinen Platz im Skript bekam. Nach einer Vorstellung der einzelnen Charaktere im Film, beginnen sie nach und nach zu sterben....die Gruppe wird stetig dezimiert ohne jedoch zu sehr in die übertriebene Gewaltschiene abzudriften. Durch den Umstand

der Katastrophe und deren Folgen wird einem nach dem anderen das Licht ausgeknipst.

Wie schon viele Jahre zuvor, und heute noch immer aktuell wurden die Dreharbeiten zu DAYLIGHT nach Europa verlegt, genauer gesagt nach Italien. Dies diente vor allem dazu um Produktionskosten einzusparen, doch auch örtliche Begebenheiten wie große freie Studioflächen und Wassertanks an den Drehsets waren ausschlaggebend für die Auswahl des Drehortes. Unter einer aufwendigen und kostenintensiven wurde der Tunnel aus New York nachgebaut. Das Set umfasste eine Länge von 500m und war eine Kopie des Originals.

ZUM ATMEN BLEIBT KEINE ZEIT!

Hinzu kamen die Möglichkeiten mit Feuer, Wasser zu arbeiten, die Autostunts zu drehen und vieles mehr. Auch wurde an die Sicherheitsvorkehrungen gedacht, sei es Fluchttüren und Räume wo sich die Darsteller hätten retten können bei einer echten Katastrophe beim Dreh. Für manche Szenen wurde noch eine Miniatur-Version im Maßstab 1:4 gebaut. Dort wurden unter anderem die Szenen mit Feuer und der Feuersbrunst gedreht. Auch die UmhergewirbeltenPKW´s und LKW´s wurden im Mini-Format gedreht und unauffällig in den Film integriert. Die CGI Technik kam aus dem Hause ILM (Industrial Light & Magic), sie übernahmen viele Szenen mit dem Feuer und Wasser. Dies diente zum Schutz der Schauspieler und war ein weiterer Fortschritt in Sachen Computer-Effekte. Sie vereinten gedrehte Szenen mit Miniatur-Aufnahmen und versahen sie noch mit allerlei Zusatzeffekten.

Man denke da nur an die Schlussszene im Hudson River, sie ist ein repräsentiertes Beispiel für die Möglichkeiten.

DAYLIGHT hatte ein Budget von 80 Millionen US-Dollar zur Verfügung, alleine 20 Millionen US-Dollar betrug die Gage für Sylvester Stallone. Doch der Erfolg des Films blieb nicht aus, auch wenn manche Kritiker ihn zu Unrecht nieder machten, spielte er weltweit 159 Millionen US-Dollar ein. Doch auch ein Uhrenhersteller namens „Officine Panerai" hatte durch den Film ihren Erfolg, die Uhr die Sly am Handgelenk trägt war zur Zeit des Drehs noch unbekannt. Erst durch den Film wurde die Marke bekannter und brachte diverse Modelle zu Ehren von Stallone und DAYLIGHT auf den Markt.

Dank dem Label TURBINE MEDIEN bekommen wir nun den Film in würdiger Bild und Ton-Qualität. Mit einer neuen Abtastung des Films und einer Aufbereitung der Dolby Atmos und der AURO 3D Tonspuren. Sie lassen die Boxen der Heimkino-Besitzer ordentlich beben und vibrieren. Noch dazu in einem schicken Mediabook mit zwei Blu-ray´s. Da beide Ton-Formate nicht den Platz auf einer Scheibe hätten, denn es soll ja auch noch genug Bitrate für den Film übrig bleiben. Interessant ist noch das Making Of des Films, die Trailer und das sehr informative Booklet aus der Feder von Tobias Hohmann.

SCOTT UND HUUTSCH

Regisseur Roger Spottiswoode bescherte uns 1989 einen weiteren Kino-Hit mit Hund und Mann. Ähnlich gestrickt wie „Mein Partner mit der Kalten Schnauze" muss sich in SCOTT UND HUTSCH ein Cop mit einem Vierbeiner zusammen tun um ein Verbrechen aufzuklären. Spottiswoode ist kein Neuling im Krimi-Genre zum Zeitpunkt des Drehs gewesen. Schon zuvor schnupperte er Crime-Luft und bescherte uns mit „Mörderischer Vorsprung" (1988) und „Under Fire – Unter Feuer" (1983) gut inszenierte Crime-Kost.

Gewisse Ähnlichkeiten mit „Mein Partner mit der kalten Schnauze" sind nicht von der Hand zu weisen. Auch hier schlüpfte ein Talent der Komödien in die Hauptrolle. Die Rede ist von Tom Hanks, der in den 80er ein oft engagierter Komödiant war und in zahlreichen Komödien sein Stell Dich ein gab. Man denke da nur „Meine Teuflischen Nachbarn" aus dem Jahr 1989, oder auch „Geschenkt ist noch zu teuer" von 1983 – beides Filme die heute einen Kultstatus stolz mit sich tragen und noch immer große Begeisterung und Lacher beim Publikum sorgen. Die Krimi-Komödie SCOTT UND HUUTSCH ist ebenfalls solch ein Kandidat.

Man muss kein Hunde-Freund sein um Gefallen an diesem Film zu haben. Zwar ist die Geschichte nicht sonderlich innovativ und birgt kaum Neuerungen aber der Charme und gewisse Szenen mit dem Hund haben sich in das Gedächtnis der Zuschauer förmlich eingebrannt. Allen voran die Sabber-Szenen die so manchen Ordnungsfetischisten auf den Magen schlagen. Hinzu das mutwillige zerstören von Einrichtungs-Gegenständen sei es die Couch oder auch die heiß geliebten Schuhe. Wer ein Haustier sein Eigen nennt, der kennt unter Umständen solche Erlebnisse und kann sich somit gut in den Hauptcharakter hinein versetzen. Tom Hanks brilliert hier wieder wie gewohnt und kann mit seinem Humorvollen Art den Zuschauer mehr als nur ein müdes Lächeln ins Gesicht zaubern. Erst viele Jahre später in seiner langen und umfassenden Film-Karriere tauchten ernstere Rollen und Angebote auf, die er seines Alters entsprechend annahm und einige Male erneut sein Talent und seine Vielfältigkeit als Schauspieler unter Beweis zu stellen.

Die nächste Hauptrolle sollte man auch in Erwägung ziehen, Huutsch, gespielt von „Beasley the Dog" - eine Bordeaux-Dogge, die stolze 14 Jahre alt wurde. Ein Jahr nach dem Kino-Film hatte der Hund nochmal einen Kurzauftritt im Kurzfilm „Turner & Huutsch". Gut trainiert beweist auch der Hund Talent und zeigt genau das was man eigentlich von seinem Vierbeiner nicht erwartet. Ich denke einem Hund genau das falsche beizubringen um es in einen Film zu bringen fordert viel Geduld und Ausdauer des Trainers.

Story-technisch bewegt sich der Film auf gewohnten Terrain und bietet kaum Neuerungen, dennoch bietet er einen ungeheuren Spaß und viel Humor. Auch wenn sich manche kleine Streitigkeiten zwischen Mann und Hund wiederholen und mit ähnlichen Ausgang enden so versprühen sie einen Charme der bis heute kaum vom Flair was eingebüßt hat. Hanks und Beasley bringen eine ungewöhnliche Freundschaft auf die Mattscheibe. Die anfänglichen Probleme und unterschiedlichen Ansichten und Manieren

vereinen sich zu einer Freundschaft zwischen Mensch und Tier die weitaus mehr als nur ein simples Zusammenwohnen ist. Die Krimi-Geschichte rückt in den Hintergrund und dient nur als Aufhänger für die Freundschaft-Story. Natürlich darf eine kleine Romanze egal ob auf zwei oder vier Beinen nicht fehlen und runden somit den Unterhaltungsspaß ab. Ohne kitschig zu wirken oder überzogen kann man sich als Zuschauer wohl in beide Liebesgeschichten hinein versetzen und mitfühlen.

SCOTT UND HUUTSCH wurde im schönen sonnigen Pasadena in Kalifornien gedreht worden, er erzielte ein Einspielergebnis von 71 Millionen US-Dollar und war somit ein Kassenschlager und Publikumsmagnet.

Früher wurden solche Filme des öfteren im Free TV ausgestrahlt, doch diese Zeiten sind vorbei. Das Streaming hat Einzug ins Wohnzimmer erhalten, dennoch kann man nicht diese Komödie sich per Stream anschauen, somit bleibt nur die VHS oder DVD aus dem Regal als Auswahlmöglichkeit. Eine Blu-ray ist für den deutschen Markt nicht bekannt, auch nicht angekündigt.

Detective Scott Turner (Tom Hanks) bekommt kurz vor der Versetzung zu einer interessanteren Stelle doch noch einen Mordfall vorgesetzt. Leider ist seine beste Spur zum Mörder der Hund des Toten, eine sabbernde Bulldogge namens Hooch. Turner, der nicht gerade ein Hundefreund ist, hat dieses ungehobelte Monstrum am Hals, das seine Wohnung auseinanderzunehmen droht...

Im Jahre 1987 wurde dem Zuschauer eine Militärkomödie präsentiert, die bis heute noch unerreicht ist was die Qualität und den Unterhaltungswert angeht. Auf dem Regiestuhl nahm Barry Levinson Platz, der uns auch schon „Rain Man" aus dem Jahre 1988 und „Sphere – Die Macht aus dem All" von 1998 näher brachte.

Für die Hauptrolle wurde der bekannte und allseits beliebte Robin Williams verpflichtet, der in meinen Augen in seiner besten Rolle zu sehen ist. Man kennt Robin Williams aus vielen bekannten Filmen, oft mit Rollen die eine starken Charakter haben, die da wären: „Flubber" aus dem Jahre 1997, „Mrs. Doubtfire" von 1993 und auch Filme wie „ Hook" und nicht zu vergessen „Der Club der toten Dichter". Die Rolle des Adrian Cronauer wirkt wie ihm auf dem Leib geschrieben, als wäre es sein eigenes Leben was er hier darstellt.

Die Geschichte des Adrian Cronauer beruht auf einer wahren Geschichte, aber nicht wie Hollywood es oft nur als Promotionmittel nutzt, ohne wahren Aufzeichnungen, nein, in diesem Fall entspricht alles den Erlebnissen des wahren Cronauer, lediglich die Dramatik und der Humor wurde etwas mehr an Hollywood angepasst. Des Weiteren wurde Cronauer nicht dem Amt enthoben, sondern er beendete seine Dienstzeit auf dem üblichen Wege. Gedreht wurde Good Morning Vietnam hauptsächlich in Thailand und Bangkok, dies verleiht dem Film eine starke Glaubwürdigkeit und Realismus. Hunderte männliche Studenten der International School of Bangkok wurden als Komparsen eingesetzt. Als Zeichen seiner Anerkennung und Dankbarkeit besuchte Robin Williams persönlich die Schule um dort ein Stand Up Comedy Programm kostenlos für die Schüler zu performen.

GOOD MORNING, VIETNAM (1987)

VON STEFAN BÖSE

Good Morning Vietnam wurde als Kriegsfilm betitelt, obwohl das Handlungsgeschehen nur marginal im Film hervorkommt, eher geht es um eine Freundschaft die Grenzen überschreitend ist, und zeigt den Zuschauer auch oft die manchmal sinnlosen Vorschriften sei es von der Army und / oder allgemein von Vorgesetzten. Der Mensch an sich wird oft selbst unterdrückt und in eine gewisse Schiene und Richtung gedrückt. Good Morning Vietnam stellt den Zuschauer schon während des Films vor eine Entscheidung, „Bist Du für den Krieg?" oder „Gegen den Krieg?", Barry Levinson gelang eine Geschichte eines einzelnen in diesem Martyrium der seine Ansichten und Erfahrungen überdenkt und sein Handeln in eine ganz andere Richtung lenkt.

Der Film besitzt Dramatische Elemente aber behält sich vor nicht ins Melodramatische abzu-

driften. Dies sind alles Punkte die den Film Good Morning Vietnam so sehenswert für den Zuschauer macht. Levinson und Williams sind in meinen Augen ein unschlagbares Team! Good Morning Vietnam gibt es auf VHS,DVD und Blu-ray und Sammlern lege ich die Special Edition ans Herz, da ist das Bonusmaterial sehr interessant und ausgiebig vorhanden, um noch mehr über die Rolle Cronauer zu erfahren und auch vor allem zu verstehen.

Good Morning Vietnam läuft leider nur noch selten im Free TV, was ich sehr schade finde. Denn es ist ein Klasse Film der einen wunderbar unterhält und auch den Zuschauer einen kleinen Denkanstoss gibt, vielleicht seine Ansichtsweise zu überdenken. Wer den Film und die Serie „MASH" mag, wird bei Good Morning Vietnam voll auf seine Kosten kommen.

VON JOHNNY JANZERINO

Ein preisgekröntes Meisterwerk von David Lynch

• •

Jeffrey findet ein abgeschnittenes Ohr – ein alptraumhafter Trip in die Welt von Sex, Gewalt und Sado-Maso beginnt. Auf der Suche nach einem vermeintlichen Verbrecher dringt er heimlich in die Wohnung der erotischen Nachtclub-Sängerin Dorothy ein. Entsetzt wird er Zeuge einer Vergewaltigung und findet heraus, dass sie von dem perversen Lüstling erpresst wird, der ihren Mann und ihr Kind als Geiseln genommen hat. Zusammen mit der Tochter des Sheriffs, die ihn mit Tipps versorgt, gerät Jeffrey in einen Teufelskreis von Perversionen, in den auch die örtliche Polizei und eine Rauschgiftbande verstrickt ist. Als Jeffrey entdeckt wird, ist es zu spät um auszusteigen. Aus seinem Detektivspiel wird ein Kampf um Leben und Tod…

• •

"Blue Velvet" zeigt augenscheinlich eine Welt, die auf den ersten Blick perfekt scheint. Die Sonne steht hoch am Himmel, der in blauen Farben strahlt. Gepflegte Vorgärten reihen sich aneinander, während wohlerzogene Schulkinder vorbildlich jenen Ort der Bildung besuchen, der sonst so verschmäht wird. Man grüßt sich in dem Städtchen Lumberton und keine Menschenseele würde je einen fiesen Hintergedanken aushecken – so zumindest der erste Eindruck. Nur wer genauer hinsieht, wird den düsteren Abgrund der amerikanischen Kleinstadt-Idylle entdecken, der mit der eingangs be-schriebenen schönen "Scheinwelt" nichts mehr gemein hat.

So ereignet es sich eines Tages, dass der junge Jeffrey Beaumont (Kyle MacLachlan) eine grausige Entdeckung macht: Mitten auf einer grasgrünen Wiese liegt ein Ohr!Gemeinsam mit der Polizistentochter Sandy Williams (Laura Dern) macht er sich auf die Suche nach Hinweisen, wem dieses Ohr gehören könnte. Dabei treffen die beiden auf Dorothy Vallens (Isabella Rossellini), eine verführerische Nachtclubsängerin, die von dem sadistischen Bösewicht Frank Booth

Vergessen war gestern, wir sprechen darüber!

(Dennis Hopper) terrorisiert wird. Durch ein abgetrenntes, menschliches Ohr gelangt der Zuschauer, wie durch ein Portal geführt, von bewusst übertrieben-inszenierter Kulisse der humanen Pseudo-Reinheit in die Welt des Schmutzes und der niederen, düsteren und teils abartigen Gefühle der Menschen.

Kyle McLachlan's Charakter fungiert dabei als Mittler zwischen diesen Welten, denn er funktioniert in beiden. Die Kontraste bilden Laura Dern als prinzessinnen-hafte, personifizierte Unschuld und Güte, sowie Dennis Hopper, welcher, nach überstandenem Alkohol,-und Drogenentzug, die ihm von David Lynch gebotene Comeback-Chance ergriff und die von perversen Gelüsten getriebene sowie von wahnsinniger, stets rezidivierender Raserei, unter wer weiss was für dämonischen, ständig mitgeführten Gasen, fremdgesteuerte Bestie Mensch in Perfektion darbietet. Isabella Rosselini wird die Opfer-

rolle zuteil, ihr labiler Filmcharakter schwankt sowohl geistig als auch körperlich zwischen "Gut und Böse".

Als Inspiration für Blue Velvet diente dem verschrobenen Hollywood-Weirdo der gleichnamige Song von Bobby Vinton, der 1964 veröffentlicht wurde.

"Durch das Lied kam ich auf die Idee mit dem Geheimnis, das sich hinter der Fassade einer ruhigen Kleinstadt verbarg." D.L.

Diese Detailverliebtheit und sein Hang zu einem perfekt-passenden Score tragen dazu bei, dass dieser Film nicht nur als modernes Märchen, indem das "Gute" wie zu allen Zeiten (fast) dem "Bösen" verfällt, sondern auch als Lynch's zugänglicherer, weil schonungslos-offener Streifen gelten sollte.

AN EINEM TAG WIE JEDER ANDERE (1955)

Drei aus dem Zuchthaus ausgebrochene Schwerverbrecher dringen mit Waffengewalt in die Vorortvilla der Familie Hilliard ein. Sie wollen sich dort vor der Polizei verbergen, bis von einer Komplizin Geld für die weitere Flucht eingetroffen ist. Um nicht aufzufallen, zwingen Gangsterboss Glenn Griffin, sein Bruder Hal und der schwerfällige Hüne Kobish alle Familienmitglieder, ihr Leben so weiterzuführen, als sei nichts geschehen. Dan Hilliard und seine 19-jährige Tochter Cindy müssen morgens zur Arbeit gehen. Als Geiseln bleiben Dans Frau Eleanor und ihr zehnjähriger Sohn Ralphie zurück. Aus Sorge um ihr Leben beschließen Vater und Tochter, die Polizei nicht zu verständigen.

Regisseur William Wyler der unter anderem auch für "Ben Hur" (1959) hinter der Kamera stand, inszenierte 1955 den Film "An einem Tag wie jeder andere". Ein Drama-Krimi Mix basierend auf einem Theaterstück von Joseph Hayes. Hayes schrieb auch das Drehbuch für den Film. Der Film inszeniert einen Psycho-Krieg als Kammerspiel.

Hollywood-Legende Humphrey Bogart schlüpfte wieder mal auf die böse Seite und mimt im Film den Schurken Glenn Griffin. Schon schwer von seiner Krebskrankheit gezeichnet gab er dennoch sein volles Können und bewies sein schauspielerisches Talent. Nur zwei Jahre später erlag Bogart seiner Krankheit und ging in die Hall of Fame ein.

Fredric March schlüpfte in die Rolle des Kontrahenten von Bogart. Ein sehr konservativer, patriarchalisch geprägter Vater stellt sich dem Hass auf die Oberschicht auf Seiten der bösen Buben. Doch nicht diese Spannungen tragen zur Atmosphäre des Films bei. Auch die innerhalb der Gruppe der Gangster unterschiedlichen Ansichten, Ziele sorgen stets für angespannte Gemüter. Hinzu kommen noch kleinere Reibereien innerhalb der konservativen Familie. Somit wird dem Zuschauer eine glaubhafte und nachvollziehbare Situation gegeben. Zudem bekommt der Zuschauer wie die Familie selbst dutzende Möglichkeiten geboten, dem Psycho-Krieg zu entkommen. Jedoch bleiben Angstzustände und mögliche Folgen stets präsent und lassen das Kammerspiel auf ungeahnte Höhen aufsteigen.

Trotz der langen Laufzeit des Films wird der Spannungsbogen stets gespannt gehalten. Die meisten Szenen spielen sich im Haus ab, nur wenige Außenaufnahmen runden das Gesamtbild ab. Das Finale des Film verbleibt ohne ein typisches Happy End und lässt nur einen kleinen Einblick in das weitere Leben der Familie. Der Film "An jedem Tag wie jeder andere" spiegelt das typische Bild einer Familie in den 50er Jahren wieder. Der Mann ist Alleinverdiener und bestimmt über die Familie, die Frau kümmert sich um den Haushalt, dazu zwei Kinder, ein Mädchen am Ende ihrer Pubertät und ein kleiner Junge. Dieses Abziehbild wurde auch für viele Sitcoms verwendet.

"An einem Tag wie jeder andere" bekam 1990 ein Remake mit Anthony Hopkins und Mickey Rourke spendiert mit dem Titel "24 Stunden in seiner Gewalt". Dieses Remake floppte an den Kino-Kassen und stellt nur eine müde Variante des Originals dar.

Der Kinostart des Films "An einem Tag wie jeder andere" in der Bundesrepublik Deutschland war am 2. März 1956, die Fernseh-Erstausstrahlung am 17. Januar 1972 um 21.00 Uhr im ZDF.

DEATH WISH
COLLECTION

BLOODY STONES (1987)

Bloody Stones
...Wir sehen uns in der Hölle wieder...

Die reizvollen Stewardessen Betty und Carrie überzeugen mit einem einzigen Augenaufschlag jeden Zollbeamten von ihrer Ehrlichkeit.

Was wäre für sie leichter, als ein paar hochkarätige Diamanten im Höschen versteckt über die Grenze zu schaffen? Doch Betty und Carrie unterliegen dem Reiz der heißen Ware, sie zweigen einige Klunker für sich ab.

Der Zorn von Mafia-Boß Lee trifft Carrie tödlich, sie bezahlt den Fehltritt mit ihrem Leben.

Betty, dem Tod um Haaresbreite entronnen, alarmiert ihren kampferprobten Freund. Er wird sein Todesurteil gegen die Mafia in einem Flammeninferno auf dem Meer vollstrecken...

Mit Frankie Chan, Jon Erickson, Barry Wolferdale, Lorna Walker, Fred Williams
Regie und Produktion: Frankie Chan. Musik: Fred Bayles
Originaltitel: The Heist

© 1989 Copyright by HVW FOCUS FILMVERTRIEB GMBH, München
GEMA

FOCUS FILM

Bloody Stones
...wir sehen uns in der Hölle wieder...

VHS

Mit Frankie Chan, Jon Erickson und Lorna Walker
Regie und Produktion: Frankie Chan
Musik: Fred Bayles

Ein Kinofilm im Vertrieb von:
HVW Focus Filmvertriebs GmbH,
Schubertstr. 6, 8000 München 2,
Tel.: 089/53 92 06

BEST.-NR.
7053

DAS GÜTESIEGEL FÜR BESTE QUALITÄT ★ FILMFESTIVAL ★

Frankie Chan ist Inspektor Hor Sun Chun, ein harter Polizist, der eine Schmuggeloperation untersucht, an der möglicherweise die Stewardess Ko Sau Ping (Schwüle Cherie Chung) beteiligt ist. Sau Ping erkennt, das sie in Gefahr sein könnte, täuscht Amnesie vor und benutzt Sun Chu smarten Partner Tang Tat Kit (Ken Cheng) als mögl che Schutzwand

VHS NEVER FORGET

Wer Fan von HongKong Actionfilmen ist der kommt an den Namen Frankie Chan kaum vorbei. So wie auch "Bloody Stones" aus dem Jahr 1987. Ein HongKong Action-Streifen der all das bietet worauf sich freut und vor allem erwartet. Schon der Beginn des Films fährt der Film ordentlich Tempo, Action und vor allem Gewalt auf. In bester Humor-Manier mit zahlreichen Situations-Komiken und flotten Sprüchen garniert wird der Zuschauer förmlich in die Story geworfen.

Frankie Chan spielte hier nicht nur die Hauptrolle, sondern nahm auch auf dem Regiestuhl Platz. Doch auch die anderen Rollen sind mit zahlreichen bekannten Gesichtern bestückt worden. Da haben wir vor allem den leicht mol-

ligen Kent Sheng. In weiteren Rollen tauchen Namen wie Maria Cordero, Bill Tung, Kitty Chan und Cherie Chung auf. Letztere kennt man auch aus vielen anderen Produktionen aus dem Raum HongKong.

Hier fanden Zweikämpfe, Verfolgungsjagden zu Straße und Wasser, blutige Shootouts ihren festen Platz im Skript. Immer mit einer Portion Humor, Slapstick verfeinert. Wer Fan der "Mad Mission" Reihe ist, wird hier auch seinen Spaß haben. Zum Ende flacht die Action etwas ab und der Humor wird stetig erweitert. Der Sprung vom Humor zum flachen Slapstick wird oft nahtlos überschritten. Dennoch kann das Finale was auf und im Wasser abläuft durchaus die Durststrecken wieder ausbügeln.

Kleiner Wehrmutstropfen ist das es "Bloody Stones" bislang nur auf VHS in Deutschland gibt. Noch dazu ist diese Version leicht gekürzt erschienen. Dennoch sind viele Szenen der härteren Gangart enthalten. Kopf-, Hals- und Unter-

leibsschüsse, Kehlenschnitte mit der Rasierklinge, Treffer mit der Harpune und vieles mehr.

Vielleicht erbarmt sich mal ein Label und veröffentlicht diesen unterhaltsamen, flotten und intensiven Action-Komödie-Thriller Mix würdig auf Scheibe. Selbst die gekürzte Fassung wird seinen Zuschauern ein lächeln und lachen ins Gesicht zaubern.

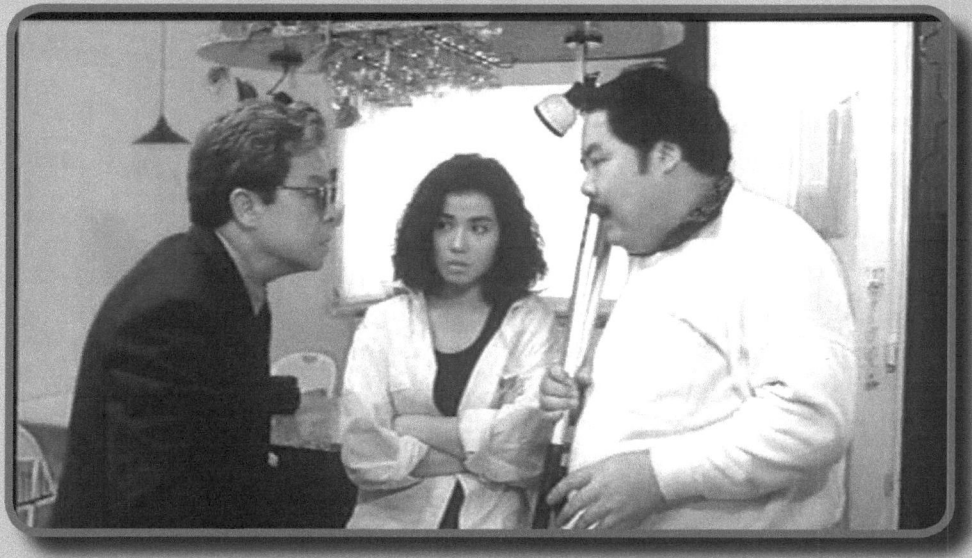

NEUE SPITZENFILME
FÜR IHR PRIVAT-FERNSEHEN

Ein Meteor reißt ein tiefes Loch in die
Erde. Überall liegen eier-ähnliche
Gebilde, gefüllt mit glitzernden
Diamanten!
Die überglücklichen Finder bemerken
jedoch nicht, daß aus diesen Weltraum-
Eiern winzige Spinnen schlüpfen…

San Francisco, 1928. Der ehemalige
Privatdetektiv Dashiell HAMMETT hat
seine Pistole mit der Schreibmaschine
vertauscht und erfindet Krimis.
Nichts könnte ihn dazu bringen, wieder als
Schnüffler sein Geld zu machen…
Da taucht plötzlich JIMMY auf, sein alter
Kumpel und zieht HAMMETT zurück in
die Welt des Verbrechens und der
Gewalt…

Schalten Sie um auf

CYCLONE

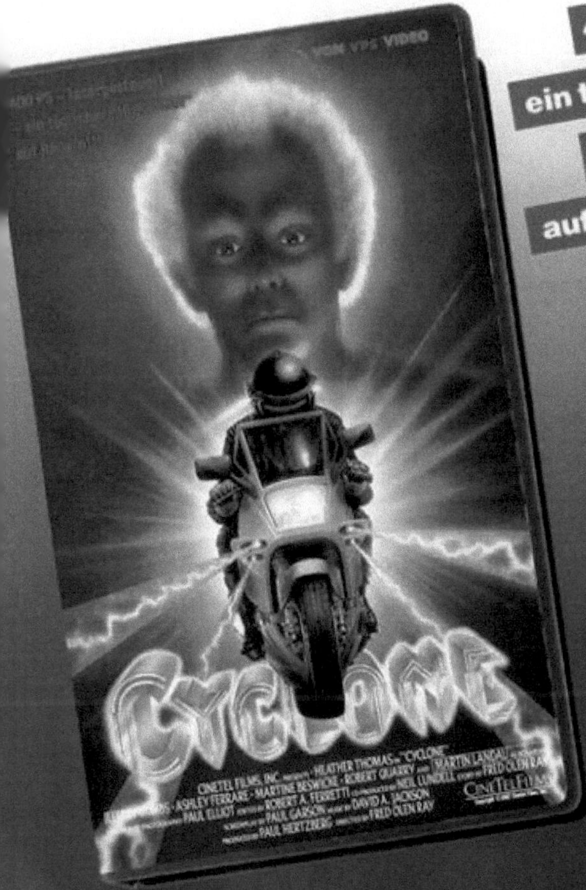

400 PS – lasergesteuert –

ein tödlicher

„HURRICAN"

auf Rädern!!!

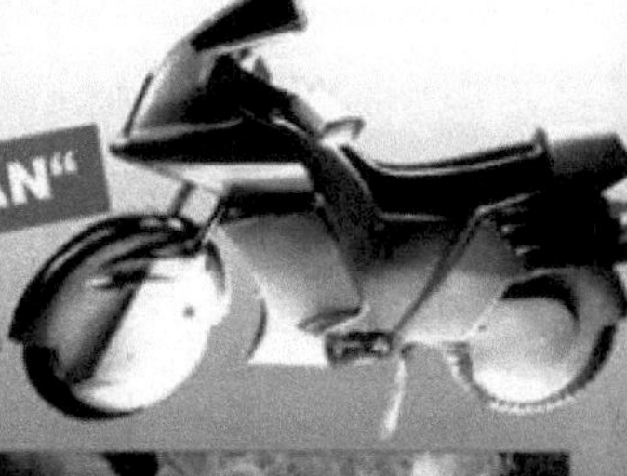

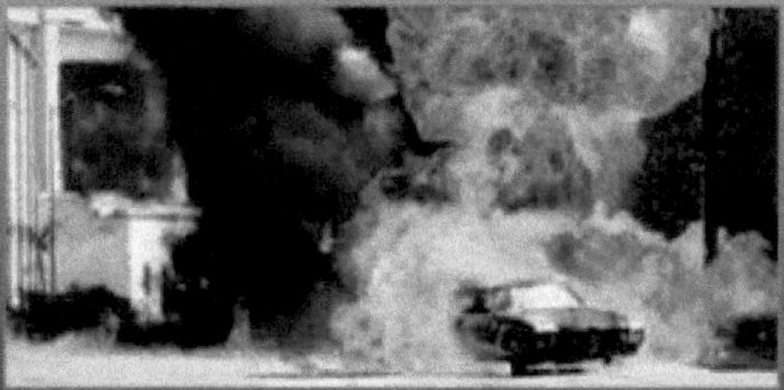

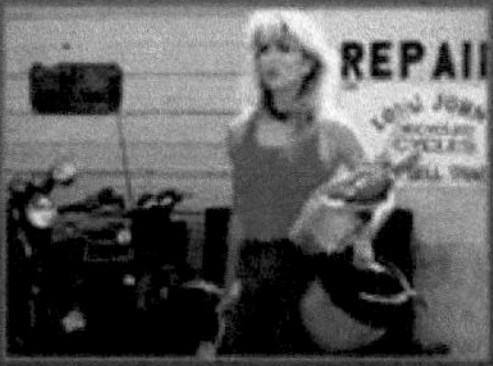

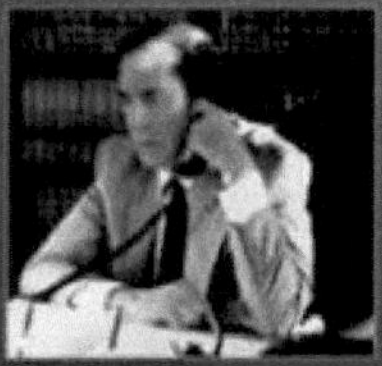

Best.-Nr.
4484

Freigegeben
ab 16 Jahren
gemäß § 7
JÖSchG
FSK

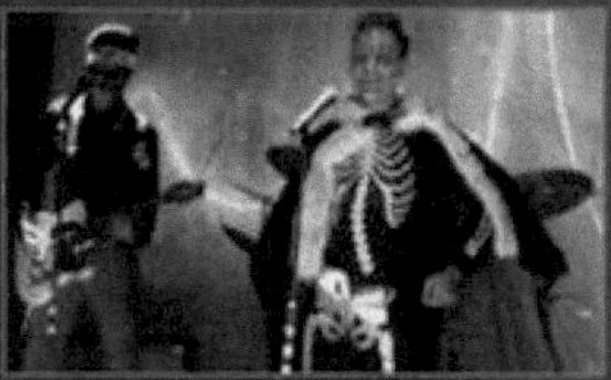

Die attraktive TERI – Heather Thomas –, der Erfinder RICK – Jeffrey Combs – und sein Geniestreich
»CYCLONE« das Traumgeschoß auf zwei Rädern.

Superheiß ... superschnell ... supergefährlich.

Zwei Supermächte im Wettrennen um die Erfindung des Jahrhunderts, die die Weltherrschaft
bedeuten kann. Fünf Millionen Dollar sind das Höchstgebot. Dem kaltblütigen BOSARIAN
– Martin Landau – sind alle Mittel recht, um in den Besitz von CYCLONE zu kommen.

TERI kann niemandem mehr trauen, ihrer Freundin CARLA nicht, und auch nicht dem FBI.
Doch solange sie CYCLONE unter sich hat wird sie zum Alptraum für Verfolger und Verfolgte ...

VPS Film-Entertainment GmbH **Saarstraße 7 · 8000 München 40**

Generalvertretungen:

Österreich:
Polygram Video
Edelsinnstraße 4 · A-1122 Wien

Schweiz:
VPS VIDEO Vertrieb Home Movie AG
Römerstraße 37 · CH-8041 Winterthur

CINDERELLA 2000 (1977)

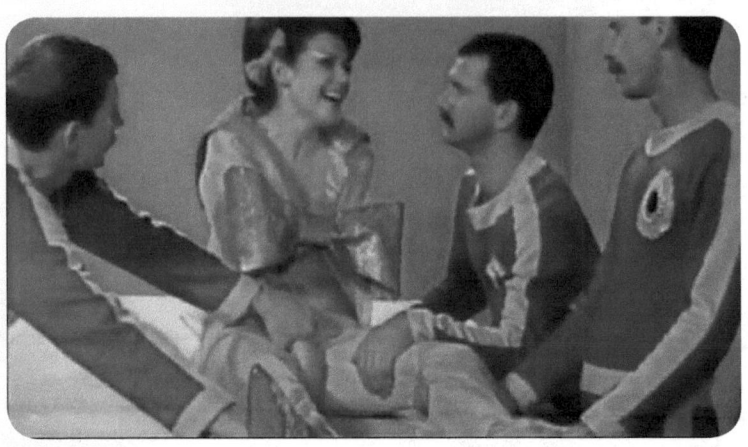

VON STEFAN BÖSE

Irgendwann in der Zukunft: Den Menschen auf der über den Bildschirm vom Großen Bruder überwachten Erde sind Gefühle verboten, nur Sex ist hin und wieder erlaubt. Ein von seiner Stiefmutter geplagtes Mädchen überzeugt auf einem Ball den Bruder des Weltherrschers und schließlich auch diesen selbst von der Schönheit der Liebe.

Liebe im Raumschiff Venus ist ein Film von Al Adamson aus dem Jahr 1977. Man kann den Film in mehrere Genre einordnen, ein wenig Science – Fiction, gepaart mit Erotik und nicht zu vergessen: Trash. Der Streifen Liebe im Raumschiff Venus soll bewusst albern sein und rüberkommen, dies war voll beabsichtigt, auch wenn der Film mitten in der Welle der Erotik – Soft- Filme in den 70er Jahren in die Kinos kam.

In der gezeigten Welt, wacht sozusagen ein Großer Bruder über die Bevölkerung, jegliche Art von Sex ist verboten, es sei denn ein Computer wählt per Losverfahren aus, wer heute mit

wem schlafen darf. Illegaler Sex wird mit Verkleinerung bestraft, die Beteiligten werden mithilfe eines Laserstrahls auf Puppengröße geschrumpft und müssen so bis zu sechs Monate bleiben, ehe man sie wieder auf normale Größe bringt! Roscoe ein Roboter der unter der Leitung vom Großen Bruder arbeitet, wacht über die Sexausschweifungen der Bevölkerung. Er ist Richter und Vollstrecker in einer Person. Doch die Hauptgeschichte handelt von einer jungen Frau, die unter ihrer Stiefmutter und ihrer Stiefgeschwister nur allzu leidet, und immer alles putzen darf. Doch sie schafft es mit Hilfe einer Zauberfee auszubrechen und wird zu einer

Prinzessin für eine Nacht um auf einen Ball des Prinzen gehen zu können, um dort die freie Liebe zu praktizieren. Doch sie hat nur bis Mitternacht Zeit, um Mitternacht ist der Zauber vorüber und sie ist wieder nur die kleine Putzfrau ihrer Stieffamilie.

Wer jetzt denkt ich hab aus einem Märchenbuch abgeschrieben, den muss ich eines besseren belehren, zwar ähnelt die Geschichte von Liebe im Raumschiff Venus an ein Märchen, aber selten ist ein Märchen so herrlich dämlich und absurd. Im Film Liebe im Raumschiff Venus begegnet man so einigen komischen Gestal-

ren, oder auch der Roboter Roscoe, der über den unerlaubten Geschlechtsverkehr wacht, obwohl er selber eine Affäre mit dem Röntgengerät hatte, und nicht zu vergessen, die sieben Zwerge von den sieben Bergen, wo aber nur sechs von Sex haben, der siebte muss in die Bücherei und die Nase eher in die Bücher stecken als in eine Frau. Für manche dürften diese Szenen geschmacklos wirken, aber sie schaffen es dennoch beim Zuschauer ein schmunzeln ins Gesicht zu zaubern.

Man kann sagen, man muss den Film gesehen haben, um zu glauben, was da vor sich geht. Aber ob man den Film unbedingt gesehen haben muss, steht auf einem anderen Blatt. Die Geschichte im Film ist in mehreren Nebenplots unterteilt, die dennoch irgendwie zusammen gehören und nur einen kleinen Teil der Großen Geschichte ausmachen. Aber es dreht sich alles nur um den Sex, daher

ten und Charaktere , sei es Menschen in Tierkostümen die Waldbewohner darstellen und die freie Liebe mit einem Tanz unter Musical – Klängen zelebrie-

sieht der Zuschauer auch des Öfteren blanke Busen, oder manchmal eine wilde Buschlandschaft. Das einzige was rasiert ist sind die Gesichter der Männer! Dazu kommen wilde Kostüme, die mehr als einfach und billig wirken, beziehungsweise immer kurz und knapp, damit der Zuschauer viel Haut entdecken kann, und übermäßig viel Make Up und nicht zu vergessen Sets aus Pappe, mit ein paar Knöpfen dran.

Liebe im Raumschiff Venus lautet der deutsche Titel vom Film, im Original lautet er Cinderella 2000, obwohl die Geschichte im Jahr 2047 sich abspielt. Vor allem sei noch zu erwähnen, dass es zwar ein Raumschiff im Film gibt, dies aber lediglich fünf Sekunden zu sehen ist, und nicht Venus heißt. Bei der amerikanischen Fassung wurde die Soft – Sex Szenen entschärft indem man sie teilweise entfernte und dafür so eine Art Musical – Einlagen der einzelnen Rollen hineinbaute, in der deutschen Version wurde dies andersrum angewendet, mehr Soft – Sex Szenen als Musical – Einlagen. Obwohl der Film kaum etwas nicht Jugendfreies offenbart, bekam er eine Freigabe von 18 und ist auf VHS und DVD erhältlich, die DVD ist für knappe 10,-€ zu bekommen und auf VHS gab es sogar eine Auflage in der Glasbox, die bei Sammlern einen hohen Wert haben dürfte.

Liebe im Raumschiff Venus kann man getrost als Trash bezeichnen, doch Trash der anderen Art, es muss ja nicht immer Horror sein, auch eine Erotik – Komödie kann sich gerne dazu gesellen. Mir hat der Film sehr gut gefallen, ich habe selten bei einem Film soviel gelacht, sei es die Charaktere, die Rollen, die Sets, und die Synchro ist in Deutsch auch sehr gut umgesetzt und bringt so manche Lacher in die Runde. Ein idealer Partyfilm für eine gesellige Runde, oder wer sich nicht traut seinen Freunden zu offenbaren das er diesen Film zu seiner Sammlung zählen kann, alleine im Kämmerlein.

Fazit: Wer die Filme Flesh Gordon schon mochte, der wird bei Liebe im Raumschiff Venus seine helle Freude haben. Zu den Darstellern kann man noch sagen, die meisten haben lediglich diesen Film gemacht, und waren nicht mehr vor der Kamera, vielleicht hat es am Film gelegen, wer weiß?! Nur die eine Darstellerin war noch aktiv, wechselte aber ins Hardcore – Geschäft!

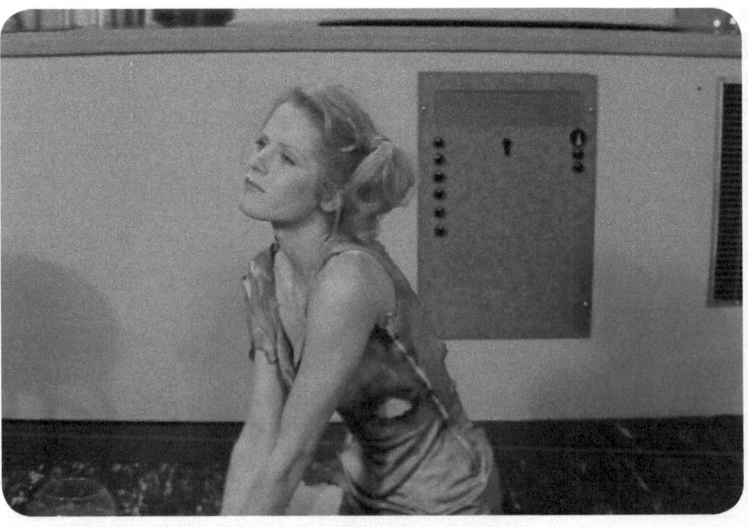

DILLINGER - STAATSFEIND NR. 1 (1991)

Die Geschichte des legendären Gangsters John Dillinger. Mitten in der Depression in den USA der 30er Jahre aus dem Gefängnis entlassen, gründet Dillinger innerhalb kurzer Zeit eine Bande, vor der keine Bank mehr sicher ist.
Trotz mehrerer Verhaftungen kann Dillinger immer wieder entkommen.

Die Geschichte von Dillinger wurde bereits mehrfach verfilmt. Am bekanntesten sind wohl Jagd auf Dillinger (von John Milius mit Warren Oates) und Public Enemies (von Michael Mann mit Johnny Depp und Christian Bale). Obwohl ich von letzterem enttäuscht war weiß ich ihn nach diesem TV Film doch etwas mehr zu schätzen. Dieser TV Film ist sicherlich keine Katastrophe, aber die Geschichte von Dillinger (und seiner zahlreichen Nebenfiguren) in 90 Minuten zu packen ist einfach wenig erfolgversprechend. Das ist das große Problem des Films, er versucht zu viel in 90 Minuten zu packen und so wird die Motivation der einzelnen Charaktere nicht klar.

Entweder er hätte einen kürzeren Abschnitt präsen-

tiert oder er hätte 30 Minuten mehr gebraucht. Mitglieder der Bande tauchen auf und verschwinden wieder, das erscheint manchmal wahllos, Konflikte werden nicht klar. Auch fällt es schwer außer zu Dillinger eine Verbindung zu den anderen Charakteren aufzubauen. Auch bei Dillinger kann man die

Gangster. Erwähnenswert sind noch Sherilyn Fenn (Twin Peaks) und eine junge Patricia Arquette als Damen an der Seite von Dillinger und (der doch immer sehr solide) Will Patton in der Rolle des Mel Purvis.

Der Film hat ein paar schöne Sets, Fahrzeuge und Kostüme. Die Atmosphäre passt auf jeden Fall und kommt gut rüber, daran wurde nicht gespart. Es gibt auch ein paar nette Schießereien zu bestaunen. Regie führte Rupert Wainwright der am bekanntesten ist für Stigmata und das Remake von The Fog. Noch kurz zur deutschen Synchro: die ist nicht gut. Emotionen kommen nicht richtig rüber und die Dialoge wirken arg gestellt. Ich hätte sehr gerne mal die englische Tonspur gehört, nur auf der erhältlichen DVD gibt es die nicht.

Motivation zu seinen Taten nur bedingt nachvollziehen. Das wird angerissen aber nicht intensiv genug. Mark Harmon kennen die meisten ja nur noch durch die Serie NCIS und seinem Charakter Gibbs. Sein Dillinger hat wenig mit dem stoischen Gibbs gemein. Er spielt den Dillinger als getriebenen, coolen Schürzenjäger der schon etwas zu hübsch ist für diesen knallharten

Fazit: Kann man sich anschauen, ist handwerklich nicht schlecht gemacht, aber es hapert doch ordentlich am Drehbuch.

Impressum:

Herausgeber:
Stefan Böse

Autoren:
Johnny Janzerino
Barbara Goetze
Stefan Fuhrmann
Kristijan Skrobo

Impressum:
© 2019
Herstellung und Verlag: BoD – Books on Demand, Norderstedt.
ISBN: 9783753405551

BESUCHT UNS DOCH AUF FACEBOOK UNTER:
WWW.FACEBOOK.COM/RETROFILMBLOG

Bild-Quellen der Screenshots:

Spiel gegen den Tod - Video: CIC
Sie leben! -   Blu-ray Disc: Studiocanal
Der Rosenkrieg -   Blu-ray Disc: 20th Century Fox
Hetzjagd im Sumpf -   Video: CIC
Sexorgien im Satansschloss -   DVD: X-GABU Film
Hydrotoxin -   DVD: Laser Paradise / VCL
Jäger der verschollenen Galaxis -   DVD: Voulez Vouz Film / Intergroove
Air Borne -   DVD: Phoenix Distribution
Nackte Fäuste -   Video: Arena/PolyGram
Madhouse -   Video: RCA Columbia / Orion
Traxx -   Video: VCL / Virgin / DEG
Demon Warp - Video: New Vision
Die Nacht hat viele Augen -   DVD: Touchstone / Buena Vista
Night Shift -   DVD: Warner
Daylight - Blu-ray: Turbine
Scott und Huutsch -   DVD: Touchstone / Buena Vista
Bloody Stones -   Video: Focus
Good Morning Vietnam -   DVD: Touchstone Home Video
Blue Velvet -   DVD: MGM
An einem Tag wie jeder andere -   DVD: Paramount (Neuauflage)
Cinderella 2000 -   DVD: WVG Medien GmbH
Dillinger - Stattsfeind Nr. 1 -   DVD: Warner Home Video

Informationsquellen:
www.retro-film.de
www.wikipedia.de
www.schnittberichte.com
www.ofdb.de
www.imdb.com
www.amazon.de
www.themoviedb.org